図解 眠れなくなるほど面白い

地理と経済の話

筑波大学名誉教授
井田 仁康 監修
Yoshiyasu Ida

JN023175

日本文芸社

はじめに

あなたは**なぜアメリカが世界トップの経済大国なのか**一言で説明できますか？

それは**「アメリカが地理的に最強」**だからです。

国の貧富というのは、実は地理によってある程度決まってしまいます。たとえばアメリカであれば、農業に適した土地があり、国土の気候がさまざまであること、そして資源を届けるための運河があるという地理的な好条件に恵まれて経済大国になっていきました。

一方、ロシアを見てみるとどうでしょうか。

国土はアメリカ以上に広いですが、寒さが厳しいため農業には適しておらず、冬になると貿易するための港も凍ってしまいます。そのため、ウクライナに接する凍らない黒海を手に入れ、海運を確保したいと考えており、それが戦争の引き金のひとつにもなっているのです。

一見つながりが見えにくい地理と経済ですが、意識してみると今までピンとこなかったニュースのなぜ？がわかったり、これから世界がどう動いていくかが予想できたり、なぜこの地域でこの名産品が有名なのかがわかったりと、実はとても面白く役に立つ学問です。

地理と経済が見えだすと、歴史・文化・政治・未来など、あらゆるものが見えてきます。「なぜ中国やインドは大成長できたか」「天然資源の少ない日本はどうすればいい？」こうした疑問にも答えられるようになります。

興味あるページからで構いませんので、パラパラとめくってみてください。本書が、今までにない発見や感動の一助になれば、地理学にかかわる者としてこんなにうれしいことはありません。

筑波大学名誉教授　井田 仁康

プロローグ 1

地理を知ることで世の中のしくみがわかる！

グローバル化が進む今、世界情勢や未来予測に役立つ地理が注目されています。

実は世の中への理解が深まる実践的な学問

「中国やインドはなぜ急成長できた？」「天然資源の豊富なアフリカが経済大国になれていないのはなぜ？」「山形県のサクランボ生産量が圧倒的1位なのはなぜ？」などなど……みなさんは、このような質問をされたら答えることができるでしょうか？

実はこれらの問いは、地理を学ぶ

戦争でトクするのは誰か、EUに加盟する・しないがなぜ重要かなど、最新ニュースの理解度が深まります。

何がわかる?

えてくるようになります。
3つのポイントで解説します。

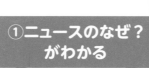

へぇ〜！
地理的条件は国の発展に大きく関係します。つまり、地理を知ることでその国の将来を予測することもできるのです。
資源と人口が多く、低賃金の国は伸びるはず
②世界のこれからが予測できる
③文化や歴史の変化が読み解ける
ほら、キミの好きなサーモンだぞ
そういえば、昔は寿司ネタになかったような……
なるほど！
今や日本の回転寿司に欠かせないサーモンは、実はノルウェーの経済戦略によるもの。文化や歴史の変化は、地理が大きく関係しています。
地理を知ると
地理を知ると世の中のしくみが見
具体的にどんなことがわかるのか、

ことでバッチリ答えられるようになります。地理というのは、単に日本や世界の土地柄について知る学問ではありません。その知識をベースにして、経済や環境、未来などを考察し、世の中を見通すことができる奥深い学問なのです。

それだけではありません。地理をじっくり見ていくことで、今流れているニュースのなぜ？や、これからの世界について、文化や歴史はどのタイミングで変化したのかなど、現在も未来も過去だって読み解けるようになれます。

本書を読んで、ぜひこの「地理的視点」を手に入れてみてください。そうすると、地理は単なる暗記科目や雑学から一歩進んだ、役に立つ・面白い学問に変わるはずです。

プロローグ 2

どうして地形や気候がお金にかかわってくるの!?

地理とお金に直接的な結びつきはなさそうですが、どんな関係があるのでしょうか。

地理と経済は密接な関係にある

当たり前の話ですが、世界の国々はそれぞれ経度・緯度が異なっています。気候や地形などもひとつとして同じ場所はなく、国によって経済状況もまるで違います。

気候や地形が違えば、とれる農作物や有利な産業も異なるので、産業スタイルがそれぞれ違ってくるのは当然です。

たとえば「産業」
高温多湿な国は農業にぴったり！

反対に寒いところや山地では酪農が発展

高温多湿な国は、農作物が豊富にとれます。逆に寒い地域は、農作物が育ちにくいものの酪農が盛んです。つまり、農業や産業は地理によって大きく左右されます。

「時差」も大きな武器になる!

インドはアメリカとの時差を利用して、アメリカ本土の企業が夜の間に作業を請け負っている。

インド　12：30
シリコンバレーが夜のうちに作業を終わらせよう

アメリカ西海岸　0：00
ZZZZZ

地理によって生じる時差を有効に使うことで、経済的な恩恵を受けられることもあります。

たとえば「流通」

中国は、広大ながら流通経路がしっかり確保されている

せまくても地形が複雑だったり、厳しい気候だったりすると流通が難しい

流通経路がしっかりと整備されている国は、物やサービスが集まりやすくなります。つまり、流通や交通は経済に直結するというわけです。

たとえば、日本国内でも暖かい地域と寒い地域では名産品が異なりますし、対策すべき自然災害も異ってきます。だからこそ、国や地域によって経済的な豊かさも変わってくるのです。

ただ、こうした違いこそが、地理を学ぶうえで重要なポイントになります。もしも経済的に弱いのであれば、それはその国や地域が持っている課題と言い換えることができます。そして、その課題を解決するためには、情報を集めたり、整理したり、分析したりするプロセスが必要不可欠なのです。

地理を知れば、経済事情だけではなく、あらゆる角度からいろいろなものの見方ができます。それこそが地理を学ぶ醍醐味なのです。

Chapter 1 世界の今と未来がわかる「地理と経済の話」

Chapter 2 国土や気候で見る「地理と経済の話」

Chapter 3 文化と歴史がわかる「地理と経済の話」

Chapter 4

リスクと課題がわかる「地理と経済の話」

Chapter

1

世界の今と
未来がわかる
「地理と経済の話」

密接に関係している地理と経済。
ニュースでよく目にする国際的な話題であっても、
調べていくとその国の土地の特徴的な
事情が浮かび上がってきます。

アメリカが世界トップの経済大国なのは地理的に最強だから

農業も貿易もしやすい国土

アメリカは「世界の食料庫」と称されるほどの一大農業国。それを支えているのが**西経100度線の西側に広がる大平原「グレートプレーンズ」と、その東部からミシシッピ川の西へと広がる大草原「プレーリー」です**。内陸のこのあたり（特にプレーリー）は、農業に適した肥沃《ひよく》な黒土が広がる穀倉地帯。麦やトウモロコシ、大豆などが生産され、牧畜も盛んに行われています。また、温暖な南東部では綿花栽培が、かつて氷河だった北東部では酪農が行われています。

北アメリカ大陸は、鉄鉱石・石炭・石灰石といった天然資源の宝庫でもあります。カナダとの国境付近にある五大湖周辺は特に資源に恵まれており、鉄鋼業を中心とした東部工業地帯がここから発展していきました。その助けとなったのが水運です。五大湖を起点とし、大西洋に注ぐ運河が造られると同時に、ミシシッピ水系と結んで国内の至るところへ水路が引かれました。この**水運の発達**が、国土の大部分が山地のメキシコ、寒冷地が多く冬季に河川が氷結するカナダに対する**流通上の大きなアドバンテージとなったのです**。

　このようにアメリカは、農業に適した土地があり、国土の気候がさまざまであること、そして資源を届ける運河という地理的な好条件で経済大国となったのです。

アメリカは広い国土で多様な農業が発展

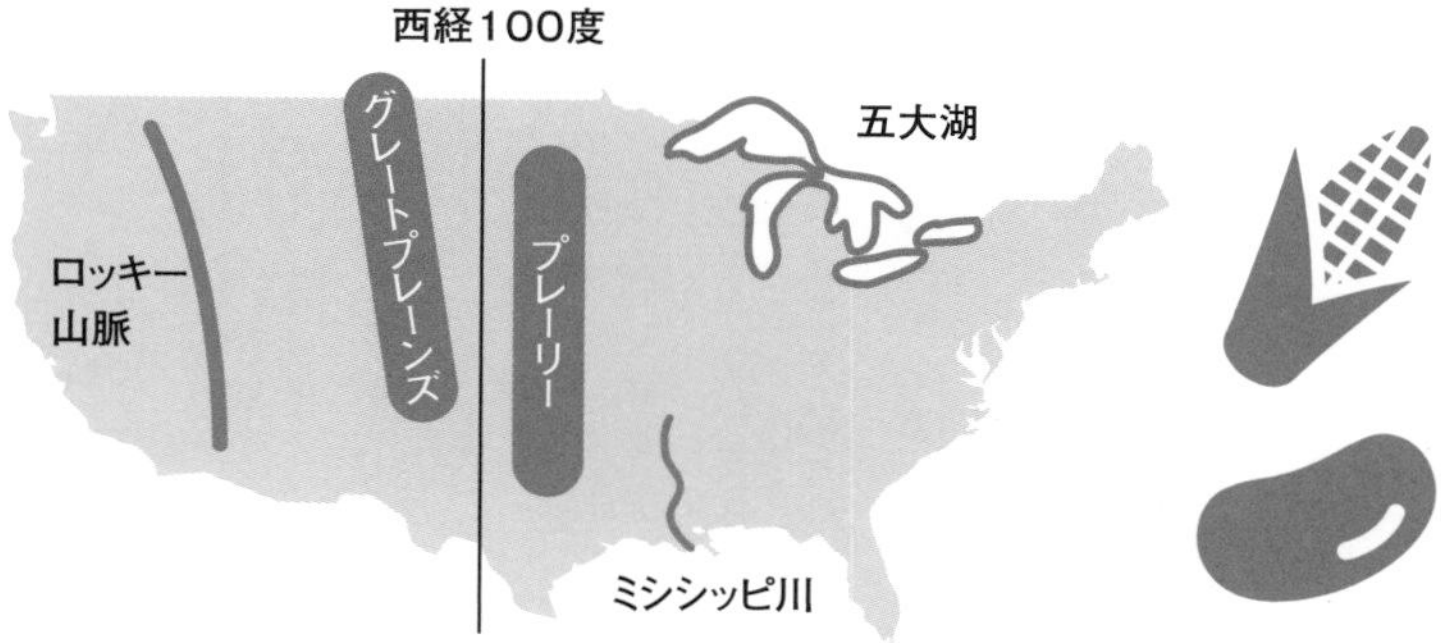

乾燥した地域では小麦が、雨の多い地域ではトウモロコシが主に生産されている。特にトウモロコシは、農業生産品としては生産量世界第1位※。内陸部では牧畜、南東部では綿花栽培も盛んに行われている。

※出典：総務省統計局「世界の統計2023」

アメリカと隣国との貿易協定

北米自由貿易協定（NAFTA）の誕生

アメリカ、カナダ、メキシコの北米3国は1992年に「北米自由貿易協定（NAFTA）」に署名。結果、域内の貿易量は増加したが、人件費の安いメキシコへの企業の流出を招き、アメリカにとっては国内の雇用を失うデメリットも生じた。

↓

自由貿易から保護貿易への回帰

NAFTAに批判的なトランプアメリカ大統領（当時）の意向を受け、2020年、あらたに「米国・メキシコ・カナダ協定（USMCA）」が発効。「自由貿易」の文言が外され、保護貿易色の強い本協定の発効によりNAFTAは効力を失った。

国の対立は「貿易しやすい土地」をめぐって起こる

ロシアは凍らない海運ルートがほしかった!?

国家間の争いの理由は、価値観や文化の違いなどさまざまですが、資源ルートの確保をめぐって対立することがあります。

たとえば、**2022年から戦争状態が始まったロシアとウクライナです。**両国の争いの発端としては歴史観やイデオロギーの対立もありますが、地理的な視点を踏まえると、資源ルートをめぐる争いが浮き彫りになってきます。

一般的に広大な土地を持つロシアという国は、石油や天然ガス、石炭をはじめとしたエネルギー資源を多く持っているうえ、森林や鉱物などの天然資源も豊富な大国として知られています。しかしながら、**冬になると北極海とオホーツク海が凍って、ロシアは海運が使えなくなってしまうのです。**

2014年、ロシアが国際世論を無視してウクライナのクリミア半島を併合したのは、**冬でも凍ることのない黒海を手にすることで、海運ルートを確保したかったため**といわれています。

ちなみに、ウクライナにはチェルノーゼムと呼ばれる肥沃な穀倉地帯があり、小麦の生産量はロシアよりも勝っています。隣り合う国なのに生産量に違いが生じるのは、ロシアが寒冷地だから。ロシアは広く大きな国土を持ってはいるものの、なかには農地に適さない土地も多く含まれているというわけです。

南下政策が数々の戦争の引き金に

ウクライナ戦争の伏線に

ソ連崩壊後に独立したウクライナが西側諸国に接近。黒海とEUに接するウクライナの離反はロシアの脅威となるため、両者の対立が深まった。

不凍港獲得はロシアの宿願

広い国土を持ちながら、冬になると海岸線が氷に閉ざされるロシアにとって、外洋へ通じる不凍港を持つことは宿願。そのため18世紀以降、地中海進出の第一歩として黒海沿岸地域に支配の手を伸ばすようになった。

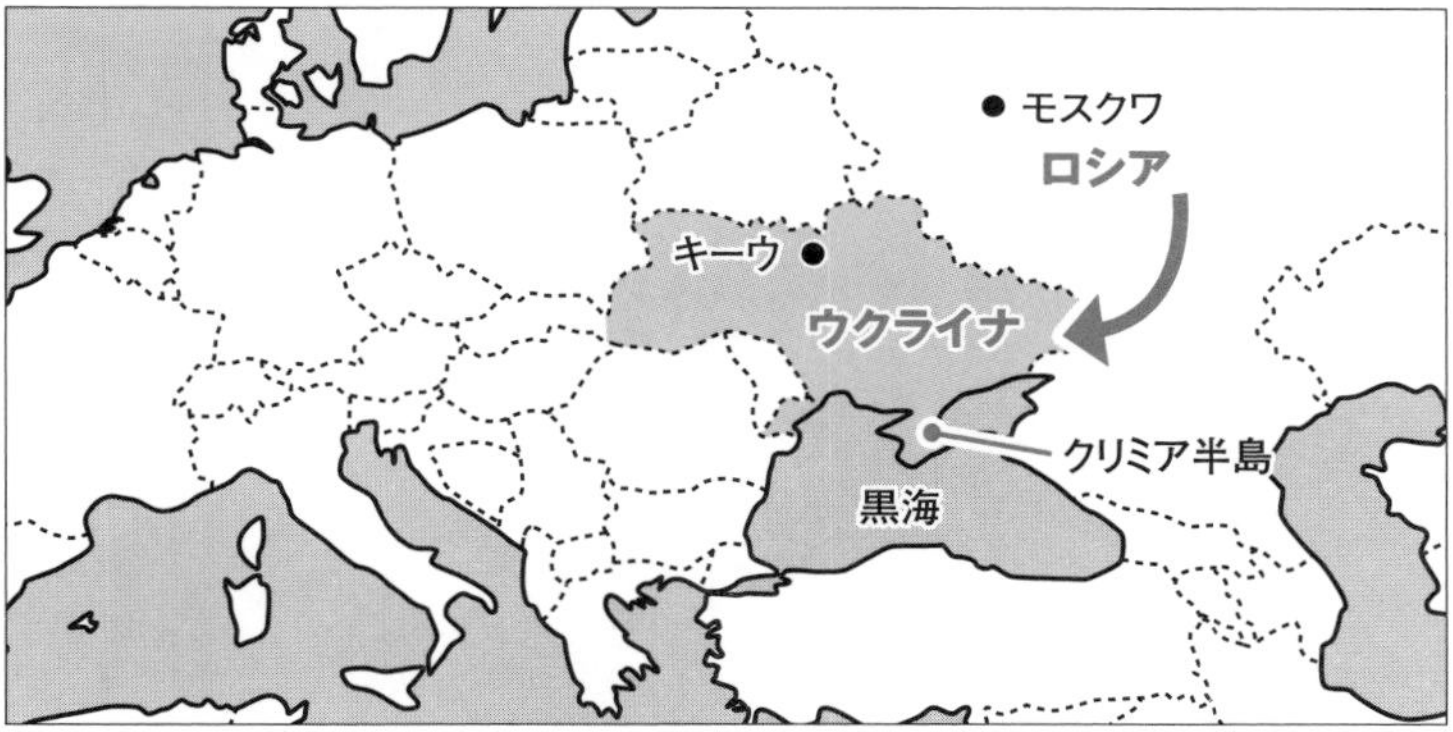

日露戦争の火種ともなった

ロシア帝国時代末期、東アジアも南下政策のターゲットになった。その過程で清（中国）に進出したロシアは大陸進出を目指す日本と利害対立するようになり、1904年に日露戦争が勃発した。

地理的ポテンシャルを秘めている、今後伸びていく国はどこ？

ＢＲＩＣＳとこれに続く新興国

21世紀に入り、著しい経済成長を見せた国々があります。**ブラジル、ロシア、インド、中国の4カ国で、頭文字をつなげたＢＲＩＣｓの総称で呼ばれています。**

いずれも**広大な国土と、豊富な天然資源を持つ**点が共通しています。**人口が多く、労働力が潤沢にある**点も重要なポイントでしょう。つまり本来的に持っていたポテンシャルを発揮した結果が、経済成長へとつながったのです。

首脳会議を行うなど連携を強めるＢＲＩＣｓ諸国は、２０１０年代に入ると南アフリカをくわえてＢＲＩＣＳとなりました。そして２０２４年には、エジプト、エチオピア、イラン、アラブ首長国連邦（ＵＡＥ）が加盟して計9カ国の巨大な経済圏に。今やＢＲＩＣＳは世界のＧＤＰの約28％、原油生産量の約44％を占めるほどになりました。

ただ、ＢＲＩＣＳを牽引してきたブラジル、ロシア、中国の経済がここに来て減速。**代わって人件費の安いベトナム、インドネシア、ミャンマーといった東南アジア諸国が台頭してきています。**先進国や21世紀初頭の新興国の高齢化が進むなか、これらの国々は平均年齢が若く、市場としての可能性が大きいのも特筆すべき点です。新・新興国として、今後ますます注目すべき国々といえるでしょう。

21世紀初頭の4つの新興国

BRICsはもともと、21世紀初頭に著しい経済成長を見せた4つの新興国の総称。いずれも広大な土地に多くの人口を抱え、天然資源も豊富なため外国からの投資が進んだ。

ブラジル　Brazil

南アメリカ最大の面積を持つ国。20世紀末に破綻寸前になりながらも、21世紀に入ると早々に経済復興を成し遂げた。ただ、現在は目に見えて景気が後退している。

ロシア　Russia

前身のソビエト連邦は、東西冷戦時代は社会主義陣営のリーダーだった。世界1位の国土面積を持ち、天然資源も豊富だが、ウクライナ戦争をめぐり現在も西側諸国と緊張関係にある。

インド　India

多様な民族・言語・宗教を有する南アジア最大の国。2023年に中国を超えて人口世界一となった。引き続き経済発展の最中にいるものの、比例して貧富の格差も拡大している。

中国　China

14億の人口を抱える東アジアの大国。安価な労働力を求めて海外資本が多く進出し、GDP世界2位の経済大国となったが、近年は成長速度が衰えつつある。

次なる「世界の工場」は東南アジア？

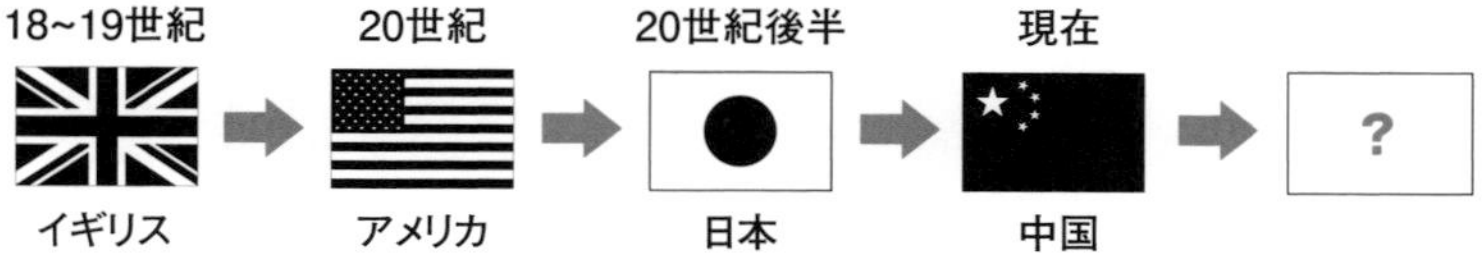

工業化を成し遂げ大量の製品を世界に送り出す輸出大国を「世界の工場」と呼ぶことがある。18～19世紀のイギリス、20世紀のアメリカ、日本、そして現在の中国だ。次に世界の工場となるのは東南アジア諸国だろうか、あるいはインドだろうか……。

３年後には世界３位？ インドがＩＴ大国になれたのはなぜ？

アメリカが夜だとインドは昼

３年後にはＧＤＰがドイツ、日本を抜いて世界第３位の経済大国になるといわれているインド。その原動力となっているのがＩＴ産業です。**契機は１９９１年にはじまった経済自由化。従来の閉鎖的な政策から対外開放政策に方針転換**し、それが実って経済発展につながりました。

インドのＩＴ産業はアウトソーシング（外部委託）が40％を占めているのが特徴です。世界のＩＴ企業が、インドにこぞって開発・営業・物流といった業務を発注したことで、インドはＩＴ大国といわれるまでになったのです。

アウトソーシング先にインドが選ばれた理由のひとつが、**シリコンバレーとインド（デリー）の12時間半の時差**です。アメリカとインドで、昼夜入れ替わりながら業務をシームレスに引き継ぐことができるため、効率よく作業を進められるというわけです。

インドが世界第１位の人口（潜在的な労働人口）を抱えている点も無視できません。さらに世界最高峰の理工系大学といわれるインド工科大学をはじめ多くの教育機関が整備され、優秀な人材を多数輩出しています。たとえば、Ｇｏｏｇｌｅの現ＣＥＯのサンダー・ピチャイがインド工科大学の出身です。また、インドでは英語が準公用語というのも、英語が主流なＩＴの世界で働くうえで大いに役立っています。

インドがIT大国になった理由

経済自由化

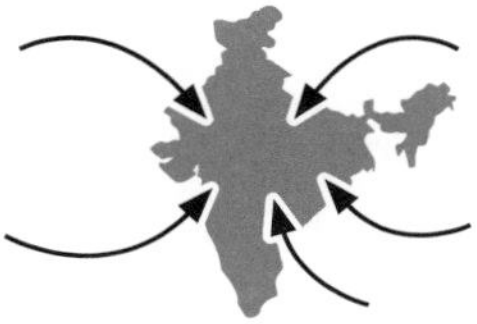

1991年の経済自由化により、IT産業に代表される海外企業の進出が可能となった。

人口が世界第1位

労働人口の多さは、潜在的に優秀な人材を多く抱えることにつながる。

アメリカ西海岸との時差が12時間半

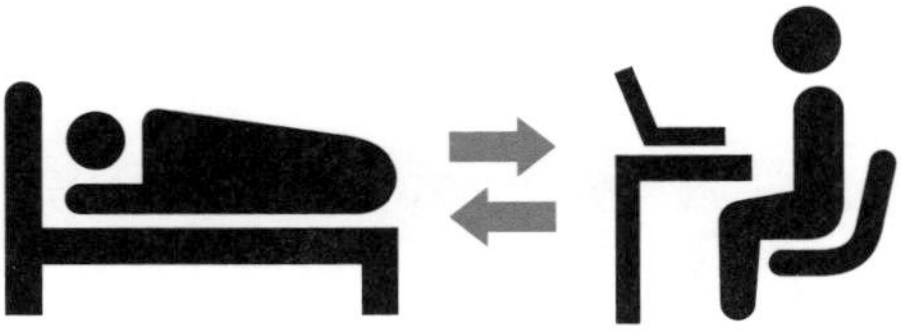

IT産業の中心であるシリコンバレーとの12時間半の時差が、シームレスな業務進行を可能にした。

英語を話せる人材が多い

イギリス統治時代が長く、現在も英語が準公用語のため、英語力の高い人材が豊富。

カースト制度の制限を受けない

新しい職業なので、下層カーストでも個人の能力次第で出世が望める。

中東で大量の石油がとれるのはなぜ？

砂漠はもともと海だった！

石油や軽油、ガソリンなどの石油製品のもとになる原油。日本はこの原油の輸入のほとんどを、アラブ首長国連邦やサウジアラビアなどの中東地域に頼っています。２０２４年２月の統計でも、原油輸入量の中東依存度は96・7％となっています。

このような経緯もあってか、日本から見て、中東の国々は産油国のイメージが強いでしょう。事実、ＯＰＥＣ（石油輸出国機構）の創立メンバーでもあるサウジアラビア、クウェートなどの中東の国々は、天然資源（石油）の開発が主要産業となっています。

ここで疑問なのが、**なぜ中東の砂漠地帯から石油がたくさん出るのか**ということ。これには石油の成り立ちが関係しています。**石油は海中のプランクトンなどの生物の死骸が堆積し、地熱や地圧によって長い時間をかけて変化してできたもの**と考えられています。ということはつまり、**現在砂漠となっている中東地域は、太古の昔は海だった**のです。

実際は、中東にかぎらず世界各地に石油の出る場所は存在します。現在はアメリカが原油生産量のトップ。また、ＯＰＥＣ加盟国に交じってロシアや中国も生産量上位にランクインしています。やはり埋蔵量の面で、国土の広さは無視できない要素のようです。

ＯＰＥＣ（石油輸出国機構）とは

現在（2024年）の OPEC 加盟国

欧米の国際石油資本（メジャー）に対抗し、5つの産油国が石油の価格維持・生産調整などを目的として1960年にOPECを結成。現在は、ロシアやメキシコほか非加盟国と連携した「OPEC＋」というより広い枠組みになっている。

創立メンバー

イラク（中東）	**イラン**（中東）	**クウェート**（中東）	**サウジアラビア**（中東）	**ベネズエラ（南米）**

追加加盟国

リビア（アフリカ）	**アラブ首長国連邦**（中東）	**アルジェリア**（アフリカ）	**ナイジェリア**（アフリカ）	**ガボン**（アフリカ）	**赤道ギニア**（アフリカ）	**コンゴ共和国**（アフリカ）

石油はどのようにしてできる？

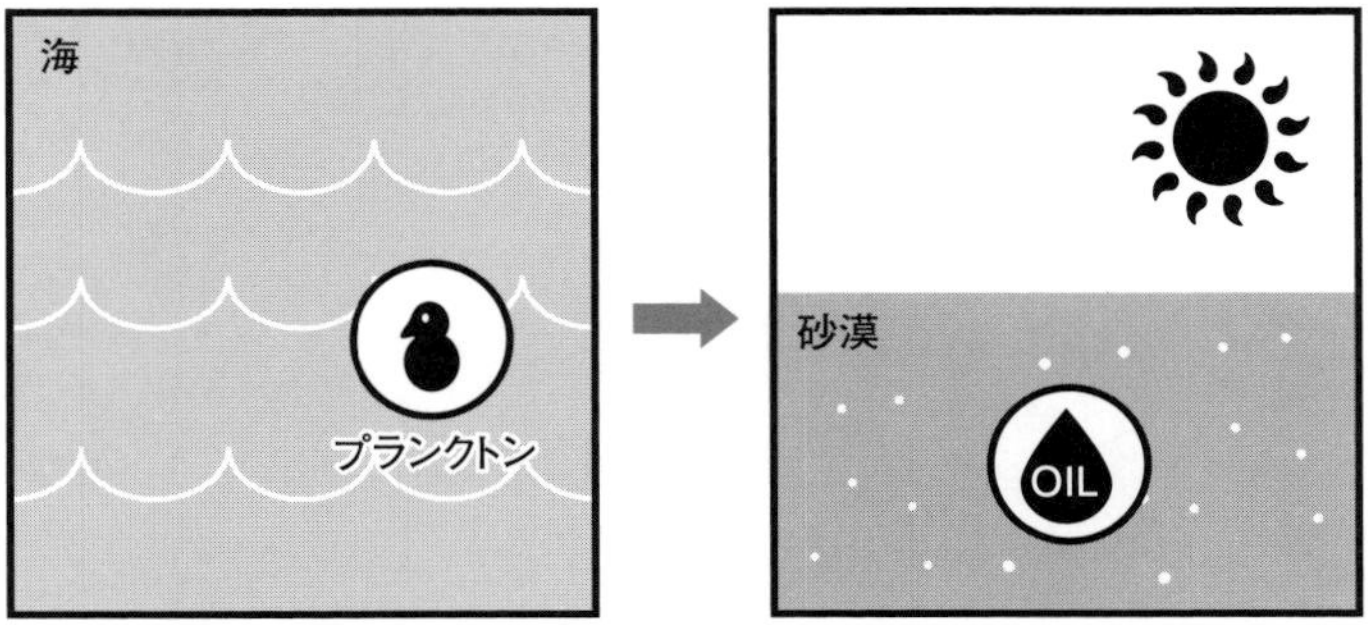

石油はどうしてできるのか。現在有力なのが「生物由来説」だ。海中のプランクトンや植物などの生物の死骸が長期にわたって堆積。それが地熱や地圧により変質したものが石油という説である。

天然資源に恵まれるアフリカが、なかなか成長できなかったのはなぜ？

今も残る植民地時代以来の経済構造

アフリカには素晴らしい大自然や人類発祥の地というポジティブなイメージもありますが、一方で貧困や飢餓といったネガティブなイメージも付きまといます。実際、鉱物資源に恵まれていて、鉄鉱石や石炭・石油などの化石燃料、希少性の高い金やダイヤモンド、レアメタルなど、その埋蔵量は世界的に見ても指折りです。にもかかわらず、貧困から抜け出せずにいるのはなぜでしょうか。

その理由のひとつに、資源の産地の偏りがあります。資源を持つ国や民族と、それを持たぬものとの間で紛争が起きたのです。200万人の死者を出すに至ったナイジェリアのビアフラ戦争や、22年間続いた第二次スーダン内戦は、民族・宗教対立が際立っていますが、石油をめぐる利権争いもありました。つまり、アフリカの中での一致団結ができてこなかったのです。

特定の一次産品の生産や輸出に依存する、植民地時代以来のモノカルチャー経済も問題視されています。アフリカを原料供給地と見なすヨーロッパの宗主国によって主導されてきた経済システムで、不作や価格変動に左右されやすく、収入が安定しないのです。

眠れる多くの資源を有効活用するという以前に、先進国は構造的貧困に悩むアフリカに対してフェアな開発支援を行う必要があります。

モノカルチャー経済とは

国の産業が特定の一次産品（農作物や鉱物）の生産・輸出に依存している経済構造で、植民地時代から続く資源利権でもある。対象となるものには嗜好品が多く価格変動リスクが高い。また、価格決定も相手次第なので現地生産者は儲からない。

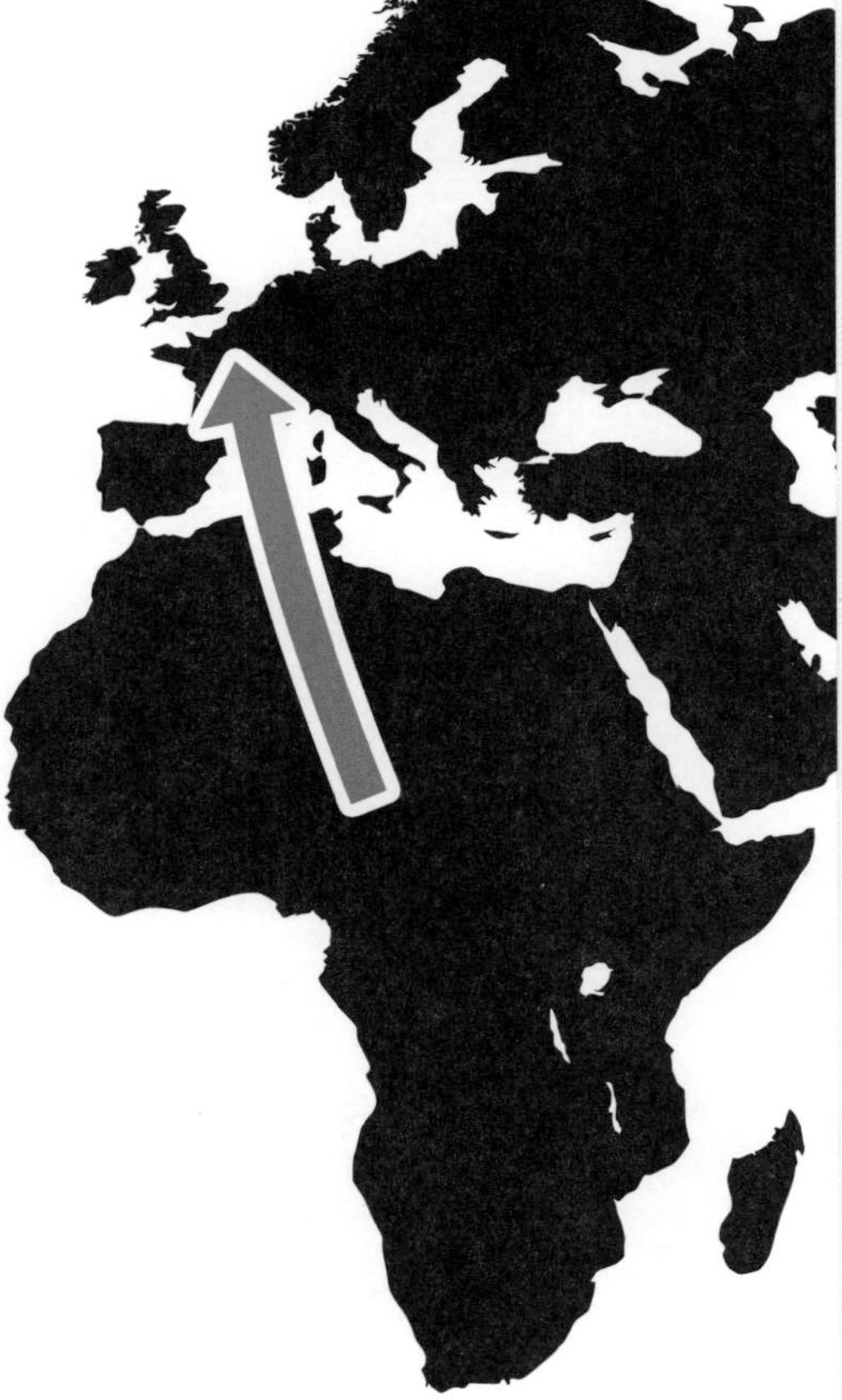

代表的な農作物

コーヒー

エチオピアはコーヒー発祥の地で生産量もアフリカ1位。

カカオ

コートジボワールとガーナは、世界1、2位の生産国。

紅茶

ケニアは中国・インド・スリランカと並ぶ一大生産国。

スイスは人口よりも観光客のほうがはるかに多い

国際都市で観光資源も豊富

中央ヨーロッパに位置する連邦共和制国家のスイス。国境をドイツ、フランス、イタリア、オーストリア、リヒテンシュタインと接し、公用語はドイツ語、フランス語、イタリア語、ロマンシュ語の4つあります。**他国の紛争への介入が中立義務違反となる永世中立国としても知られていますが、ウクライナ戦争ではロシアへの経済制裁に参加して話題になりました。**

また、スイス国内には多くの国際機関があります。国内最大の都市チューリッヒには国際サッカー連盟（FIFA）が、ジュネーブには世界保健機関（WHO）が、ローザンヌには国際オリンピック委員会（IOC）がそれぞれ本部を置いています。

面積が日本の9分の1ほどのスイスですが、アルプス山脈や、旧市街が世界遺産に登録されている首都ベルンなど観光資源が豊富です。年間観光客も2019年の統計で約1181万人（「グローバルノート（国連統計）」より）。**これは総人口より約300万人多い数字です。**

公共交通機関の発達も観光立国ならではといえるでしょう。特に鉄道網が発達しており、国有のスイス連邦鉄道が国内ほぼ全域を網羅するほか、近隣諸国から乗り入れる国際列車もあります。また、自動車や船舶など、観光の足となるさまざまな交通機関が充実しています。

スイスで使われる４つの公用語

国内に4つの言語圏がある

北部から中央部はドイツ語圏で、首都ベルンとスイス最大の都市チューリッヒも含まれる。さらに西部はフランス語圏で南東部はイタリア語圏。ロマンシュ語はグラウビュンデン州でだけ話される古い言語で、話者数は総人口の約0.5%。

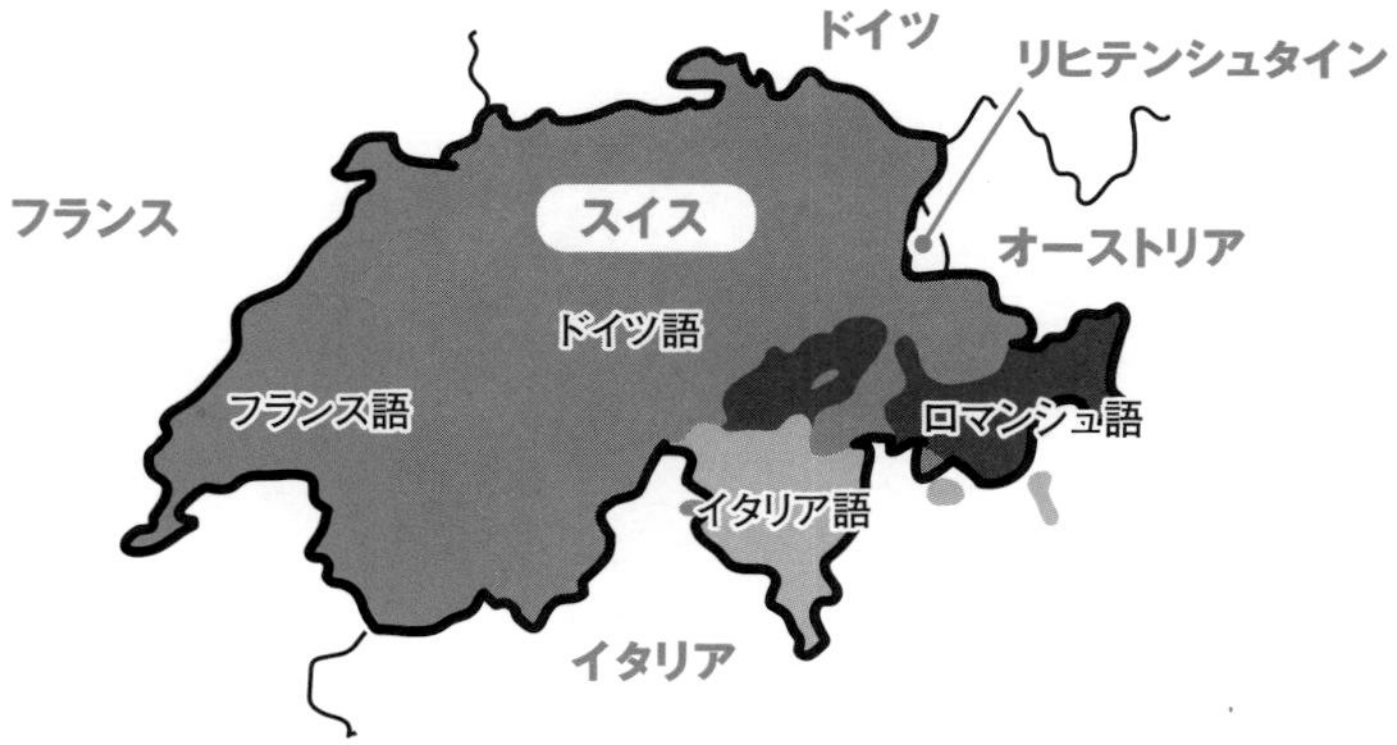

高い山の多いスイスで普及したラック式鉄道

2本のレールの間に特殊な形状のラックレールを敷き、歯車を噛み合わせながら急勾配を上り下りするラック式鉄道。スイスの観光鉄道として人気を博している。

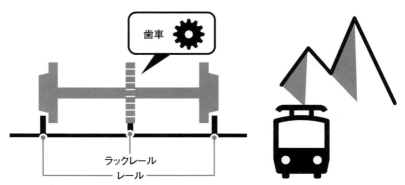

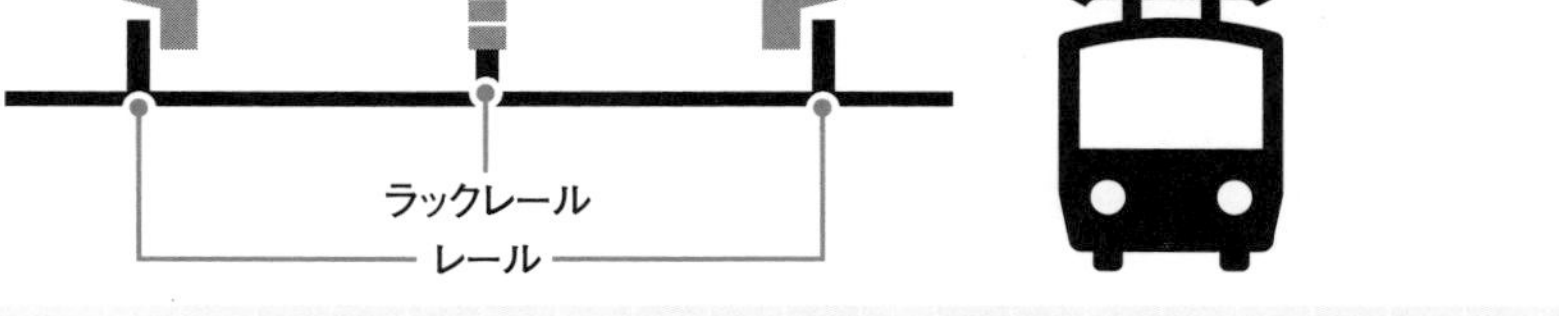

カナダの先住民文化の経済効果は２０００億円!?

体験を通じて先住民文化を理解する

カナダには憲法で権利を認められたファーストネーション、メティ、イヌイットという３つの先住民族グループが暮らしています。メティは先住民とヨーロッパからの入植者の混血で、イヌイットは氷雪地帯に居住する先住民。ファーストネーションは、メティとイヌイット以外の先住民を指します。これら先住民の人口はおよそ２００万人。カナダの総人口は４０００万人弱なので、その５％ほどに相当します。

カナダで注目されているビジネスモデルが「先住民観光」。アクティビティやワークショップ体験などを通じて、先住民文化への理解を深めることを目的としたカルチャーツーリズムのひとつです。先住民の独自文化を保護すると同時に地域活性化をもたらすメリットもあり、**２０１９年にはＧＤＰ寄与額が年間19億カナダドル（約２０００億円）に達しました。**

約４万人の雇用を生み出すなど成長を続けていた先住民観光ですが、コロナ禍によって大きく減速。ＧＤＰ寄与額も３分の１まで激減し、失業者も増加しました。現在は２０１９年の水準に戻すべく、さまざまな施策がとられています。一方で、行動制限により国内観光に対するニーズが高まり、カナダ人自身が自国の先住民文化に関心を抱くようになったのも、よい兆候といえるでしょう。

カナダの人口の約5％を占める先住民

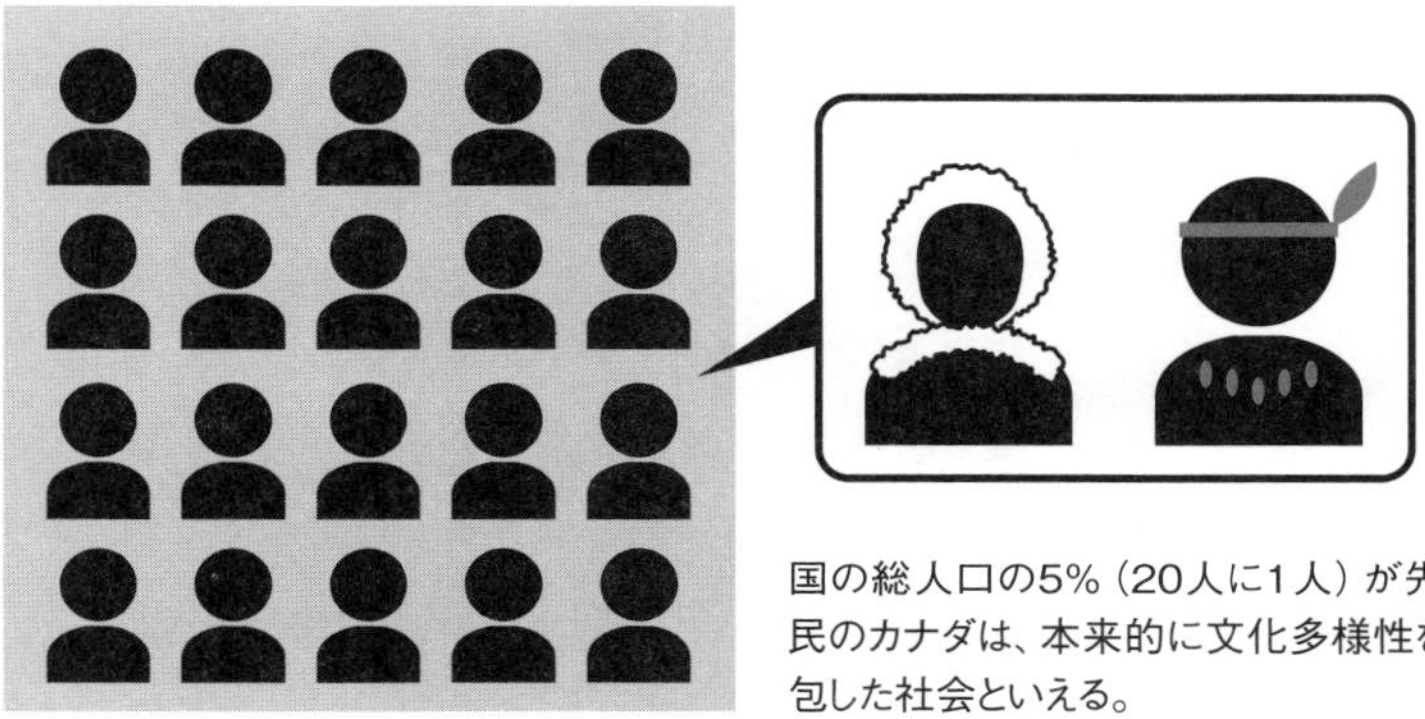

国の総人口の5％（20人に1人）が先住民のカナダは、本来的に文化多様性を内包した社会といえる。

失われるイヌイットの伝統的生活

イグルー

短時間で造れるイグルー（氷雪の家）は氷のうえを移動する狩猟生活に最適。

犬ぞり

犬ぞりを駆ってアザラシなどを追うのが、イヌイットの伝統的狩猟スタイル。

犬ぞりやカヤックはスノーモービルやエンジン付きの船に変わり、生活は便利になったが、これらを買うお金がない者は伝統的な狩猟生活ができなくなってしまった。

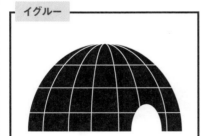

日本人が住みたい国14年連続1位
マレーシアってどんな国？

生活コストが低いのが魅力

日本人の移住先として人気が高いマレーシア。一般財団法人ロングステイ財団が実施している「ロングステイ希望国・地域」のアンケート調査では、2019年時点で**マレーシアが14年連続でトップの座を占めていました。**また、コロナ禍明けの**2023年の調査でも引き続きトップに輝いています。**

マレーシアはシニア世代の老後移住先や、グローバル教育の渡航先として特に人気が高い傾向がありますが、それを後押ししているのが暮らしやすさです。熱帯気候で気温が高い一方、日本の夏ほど湿気はありません。通年で過ごしやすい気候といえるでしょう。

さらに**特筆すべきなのが物価の安さ**で、日本に比べて交通費などが安いです。必然的に生活コストが抑えられるため、セキュリティのしっかりしたコンドミニアムで快適な毎日を送ることができます。くわえて、**電気・ガス・水道などのライフラインに、公共交通機関や教育医療といったインフラも整備**されており、移住先として申し分ありません。

マレーシア政府も取得の容易な「MM2H（Malaysia My Second Home）」という長期滞在ビザを発行して、移住を希望する外国人に便宜をはかっています。移住先としてのマレーシア人気はまだまだ続きそうです。

「住みたい国」に選ばれるワケ

常夏の気候

熱帯気候にあるので気温は高いが湿度は日本より低い。四季を楽しめないとはいえ、厳しい寒さに苦しまずに済むのはありがたい。

物価が安い

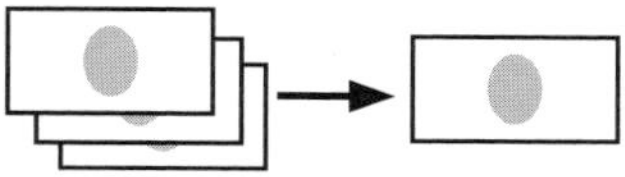

物価は日本の3分の1ほど。夫婦2人なら月に15万～30万円くらいあれば生活できる。ただ、イスラム国家であるため酒やタバコは高価。

快適な住まい

セキュリティ万全なうえ、コンビニやジムのある外国人向けコンドミニアムに、月4万～12万円で住むことができる。

長期滞在ビザが取得しやすい

移住希望者向けに「MM2H（Malaysia My Second Home）」という長期滞在ビザを発行。一定の収入があり、現地金融機関に預金することで取得可能。

治安がいい

東南アジア諸国のなかではきわめて治安がいい。ただ、日本ほど治安はよくなく、軽犯罪も多いので過信は禁物。

親日家が多い

世界的にも親日家が多いマレーシア。日本文化もかなり浸透しているため、外国なのに生活になじみやすい。

日本人が発明したインスタントコーヒーによって一気に儲けた国がある

インスタント用品種の生産地ベトナム

ベトナムはコーヒー豆の生産量が世界第2位のコーヒー大国です。17～18世紀にキリスト教の宣教師によって伝えられ、19世紀にフランスの植民地となってから大規模な生産が行われるようになりました。

日本人が好きなコーヒー豆の銘柄を挙げるとしたら、キリマンジャロ、ブルーマウンテン、コナ、グァテマラといったあたりのアラビカ種になるでしょうか。ベトナムでもアラビカ種は栽培されています。しかし、ベトナムで主に栽培されているのはロブスタ。アラビカ種に比べ、ロブスタは苦味や渋みが強く、レギュラーコーヒーとしての評価が低いのです。

ただしその一方で、ロブスタはカフェオレやアイスコーヒーとしてよく飲まれており、需要がないということではありません。

エスプレッソにも必ずブレンドされています。何よりインスタントコーヒーや缶コーヒーの原料として使われているのは、主にロブスタなのです。

ちなみに、現代の生活に溶け込んでいるインスタントコーヒーですが、**即席化をはじめて成功させたのは化学者の加藤サトリという日本人だとされています。つまりベトナムは、日本人が発明したインスタントコーヒーを一大産業にした国**ということになります。

コーヒー豆の２大品種

アラビカ種

- エチオピア原産
- 世界のコーヒー生産の3分の2を占める
- 霜や乾燥、病害虫などに弱い
- 標高1000～2000mの高地で栽培
- 酸味が強く、フルーティ
- レギュラーコーヒーの主流

カネフォラ種ロブスタ

- コンゴ盆地原産
- 高温多湿の環境に適応し、病害虫にも強い
- 低地での栽培が可能
- 苦味や渋みが強く、香ばしい
- カフェインが多い
- インスタントコーヒーの主流

インスタントコーヒーを発明した日本人

コーヒー豆の抽出液の成分を乾燥させ、粉末化したのがインスタントコーヒー。湯や水を注ぐだけで飲めるという手軽さが受けて普及した。

インスタントの緑茶を研究していた日本人化学者の加藤サトリが、全米博覧会で水に溶ける「ソリュブルコーヒー（インスタントコーヒー）」を発表。1903年にアメリカで特許を取得するが、商品化は実現しなかった。

人口の8割以上が外国籍の国がある

富裕層の生活を支える低賃金の労働者

中東にあるアラブ首長国連邦（UAE）は、アブダビ、ドバイ、シャールジャ、ウンム・アル＝カイワイン、アジュマン、フジャイラ、ラアス・アル＝ハイマの7つの首長国が集まって結成されました。

UAEは世界屈指の産油国で、1人あたりの国民総所得も世界トップクラス。オイルマネーで潤った代表的な国といえるでしょう。ただし、すべての首長国で石油を算出しているわけではなく、**ほとんどはUAEの面積の大半を占めるアブダビが担っています。**一方、日本ではアブダビよりも名前が知られているドバイは算出量が少なく、代わりに貿易や金融などで存在感を発揮しています。

結成当初は石油への依存度が高かったUAEも、次第に産業構造を変化させ、金融・流通のウェイトを高めていきました。その過程で国内のインフラ整備や、高層ビルなどの建設ラッシュが起き、多くの労働力が必要に。**その需要を満たしたのが、南アジアや北アフリカから出稼ぎに来た外国人労働者です。人口1000万人のうち、UAE国籍を持つ住民が1～2割しかいないという特殊な人口構成になったのもそのためです。**

そうしてUAE経済を下支えしている外国人労働者ですが、低賃金で働かされ、厳しい生活を余儀なくされているのが実状です。

UAE国籍を持つ住民は人口の1～2割

1971年	2023年
22万人	1000万人

人口1000万人のうち、UAE国籍を持つ住民は1～2割。大多数を占める外国籍住民の多くが、アジアや北アフリカから来た外国人労働者である。

石油依存を脱し産業の多角化を目指す

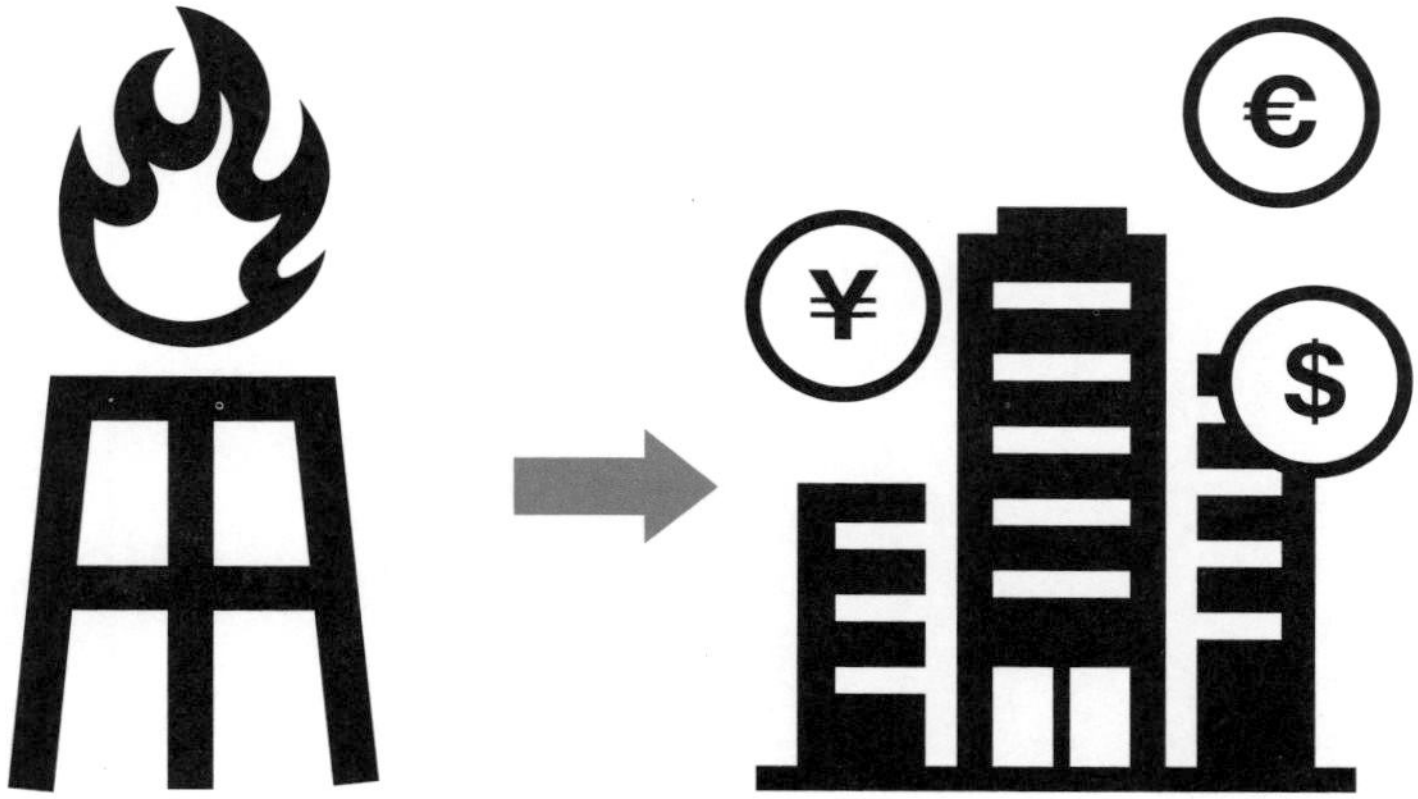

1971年の建国以来、潤沢なオイルマネーのおかげで豊かな国だったが、1980年代より石油依存を脱する動きが強まってきた。

石油依存度はいまだ高いが、貿易・工業・金融にくわえ、近年では観光にも力を入れている。

医療費・教育費・所得税がかからない ありえないほど好待遇の国がある

天然資源で潤うブルネイ

東南アジアのボルネオ島北岸に位置するブルネイ。正式名称をブルネイ・ダルサラーム国といい、スルタン（イスラムの君主号）と呼ばれる国王が治めるイスラム国です。

国土は小さく、総面積は三重県とほとんど同じ。にもかかわらず**石油や天然ガスなど豊富な天然資源を背景に、世界でも有数の富裕国に数えられます**。国民の生活も豊かで、そのうえ個人に対する住民税や所得税の徴収はありません。医療費・教育費も無料と社会福祉も充実。絶対君主に近い国王のもとで内政も安定しており、地上の楽園といっても決してオーバーではないでしょう。

そんなブルネイも、将来的な不安を抱えています。天然資源の枯渇です。石油にしろ天然ガスにしろ埋蔵量にはかぎりがあります。それが枯渇するのは、予想では20～30年後。もちろん、ただ手をこまねいているわけではなく、ブルネイ政府は経済の多角化、新産業の育成を急いでいます。また、多額の海外資産を保有・運用するなど、投資にも積極的です。

日本はブルネイにとって最大の貿易相手国のひとつですが、日本にとってもブルネイはエネルギー資源の安定供給といった面から重要なパートナー国です。遠くない未来に訪れる天然資源枯渇問題は、決して他人事ではありません。

ブルネイってどんな国？

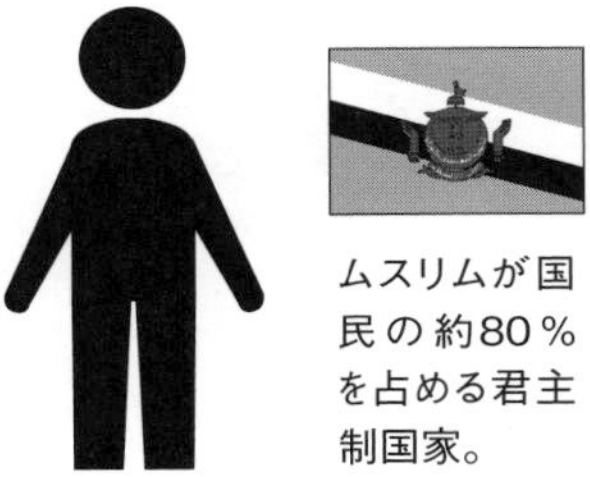

ムスリムが国民の約80％を占める君主制国家。

三重県と面積がほぼ変わらない小さな国。

医療費無料 **教育費無料**
住民税なし **所得税なし**

富裕国であり、個人への所得税・住民税はなく、社会福祉も充実。

日本が最大の貿易相手国。皇室とブルネイ王室の交流も深い。

石油と天然ガス

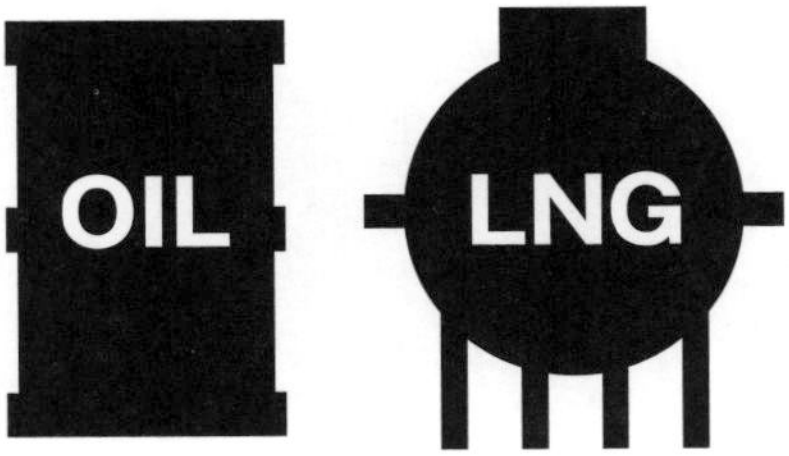

石油や天然ガスなどの天然資源が豊富な世界有数の富裕国ブルネイ。ただ、その埋蔵量にもかぎりはあるので、現在は積極的な投資を行う一方、経済の多角化を目指している。

自動車大国のアメリカで日本車が選ばれる理由

大きさではなく性能で勝負

アメリカの自動車産業は、第二次世界大戦中、対戦後を通じて大いに繁栄しました。特に戦後は消費者からのニーズの高まりに応えて、各自動車メーカーからさまざまな車種が発売され、仕事に生活にレジャーに、なくてはならない国民の必需品になっていきます。

そんななか、1970年代に入ると、アメリカの自動車産業にとって大きな転機が訪れました。日本車の攻勢です。小型ながらも**価格が手頃で燃費がよく、性能面に優れていてアフターサービスも充実**した日本車。それに比べ、従来のアメリカ車は大型で迫力こそありましたが、燃費が悪く壊れやすいという欠点がありました。

消費者のニーズは日本製の小型車へと移り、アメリカの三大自動車メーカーであるビッグスリー（フォード、GM、クライスラー）はかつてない苦境に追い込まれます。アメリカの対日貿易赤字が増加の一途をたどると同時に、自動車産業で働く労働者の失業問題もからんで日米間に深刻な貿易摩擦が生じました。

その後も対立や協調をくり返しながら、しのぎを削る日米の自動車産業ですが、**現在もアメリカの新車販売台数の4割が日本のメーカーの車**という現実があります。現地生産分が含まれるにしろ、アメリカ市場における日本車に対する信頼には根強いものがあるのです。

コストパフォーマンスの高さが魅力

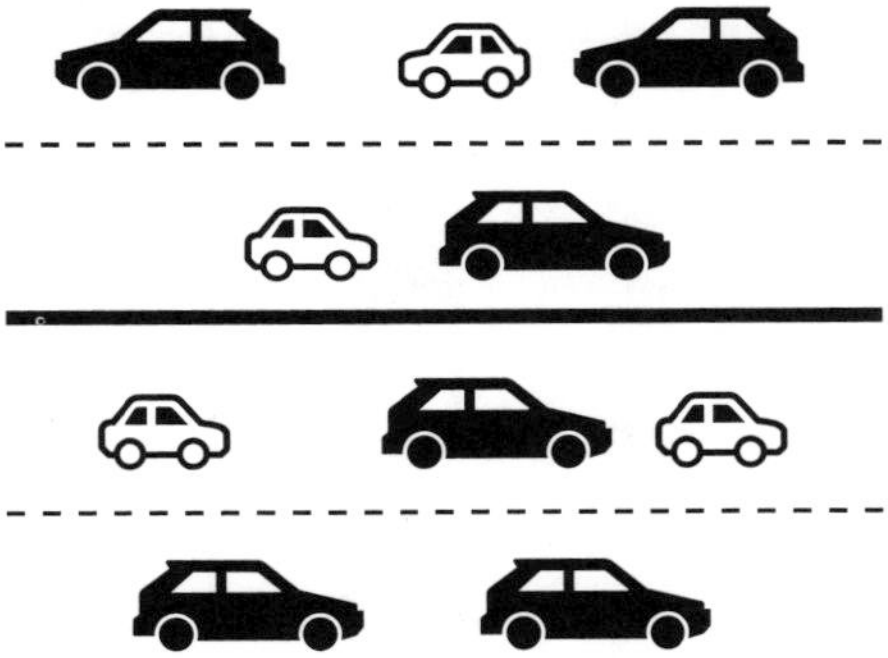

アメリカの新車販売台数の4割が日本車。トヨタ、ホンダ、日産、スバル、マツダ、三菱といったメーカーの車がアメリカの道路を走っている。

日本車

燃費や性能に優れるうえ壊れにくい。

アメリカ車

大型で見栄えがするが、日本車にコスパで劣る。

アメリカとの貿易摩擦の原因に

1970年代、アメリカは日本に対して大幅な貿易赤字を抱えていた。主な原因となったのが自動車産業。日本製の小型車の普及により、アメリカの三大自動車メーカーであるビッグスリーが経営難にまで追い込まれたのである。自動車産業は日米いずれにとっても基幹産業。対日圧力が強まるなど、両国で大きな政治問題となった。

過疎地医療の解決策？ 空飛ぶ医者・フライングドクターって？

飛行機なら救急車より速い

オーストラリアの面積は769万㎢。**日本の約20倍もある広大な国ですが、人口は約2660万人（2024年）と日本の4分の1に過ぎません。**人口密度にすると、1㎢あたりわずか3人。なんと日本の100分の1です。シドニーやメルボルンなどの都市部を除けば、必然的に人口過疎地帯となってしまいます。隣の家まで数キロというのもよくある話で、見渡せば視界の端まで草原や砂漠が続くシチュエーションも珍しくありません。

ゴミゴミしていなくてよいといえばそのとおりですが、このような広大な過疎地帯に住むときにはデメリットもあります。買い物をしたり医療を受けたりするのに不便なのです。買い物は定期的に遠出して買いだめしておけばよいのですが、**急な病気や体調不良が生じたとき、簡単に医療が受けられないのは不便なうえにリスキーです。そこでフライングドクターというサービスが誕生しました。**

運営するのはロイヤル・フライング・ドクター・サービス（RFDS）という非営利法人。地方都市や内陸部、島しょ地域など、医療の行き届かない場所を航空機を活用してフォローする緊急医療サービスです。RFDSでは緊急医療のほか、巡回検診や電話・無線によるリモート診察も行っています。

広い国土を空から網羅する医療システム

広大なオーストラリアでは、家から医療機関まで数時間かかるケースもある。その時間を短縮するのがフライングドクターの役割だ。

主なサービス内容

医師、看護師、パイロットが24時間体制で待機。医療の不足した内陸や遠隔地の現場に飛行機で向かい、さまざまなサービスを行う。

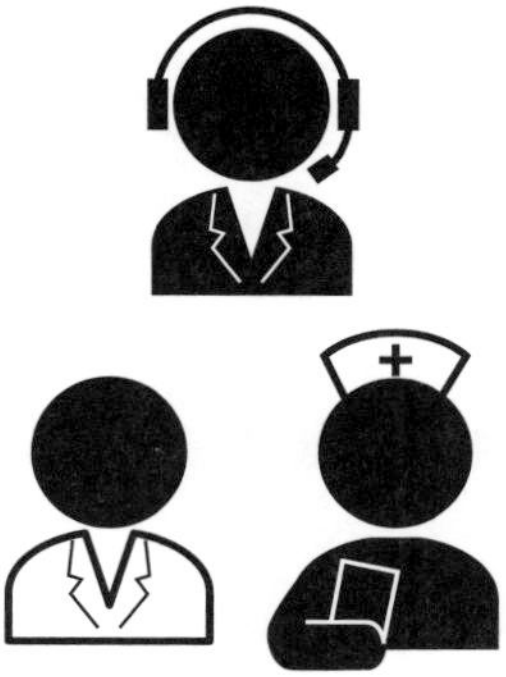

緊急医療サービス

医療の行き届かない土地からの救急依頼に応じ、患者の応急処置と搬送を行う。

定期診察

定期的に遠隔地を訪問し、健康診断や小児医療、歯科、眼科などの診察を行う。

リモート診察

電話や無線を通じて、遠隔地の人々の健康相談に応じる。

病院間の搬送

必要に応じて病院から別の病院へ患者の搬送を行う。

観光地として人気のシンガポールは恐ろしいほどの超罰金社会！

「罰金都市」の異名を持つ

東南アジアで最も経済が発展した国シンガポール。古来、アジア・オセアニア地域における海上交易の中継点として栄えてきました。そして、貿易港として発展したイギリス植民地時代を経て、現在は金融、石油化学、電子・電気工業、情報などの産業が隆盛を見せる国際都市になっています。

そんなシンガポールへの外国からの観光客は年間１０００万人以上。これは日本を上回る数です。中国語・マレー語・タミル語・英語を公用語とし、言語的な受け皿が広いのも旅行先に選ばれる理由のひとつでしょう。

ただ、ここで気をつけておきたいのが、シンガポールが超罰金社会であること。国内にガムを持ち込んだり、道路にゴミをポイ捨てしたりすると高額の罰金を科せられます。電車内での飲食、公共の場でのツバ吐きも同様。**観光が売りの国ならではの、街をクリーンに保つためのルール**なのです。シンガポールは「fine city」の異名を持ち、「fine」には「すばらしい」のほかに「罰金」という意味もあります。

変わったＮＧ行為としては、植木鉢の受け皿に水が溜まったままにしておくと高額の罰金が発生するというものも。これは、蚊の発生源を絶ち、感染者が毎年数万人にのぼるデング熱などの感染症を防ぐためとされています。

経済大国だが国土は都市サイズ

面積は東京23区よりやや大きいくらい。人口密度は23区の半分ほどだが国別ランキングではモナコ・マカオに次いで3位（2023年）。

シンガポール

面積734.3km^2

東京23区

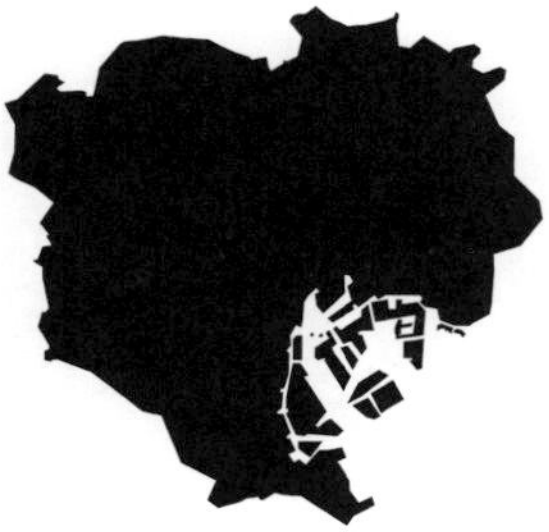

面積622km^2

これをやったら罰金のNG行為例

ガムの国内持ち込み

空港で確認される。所持や持ち込みが見つかると10,000SGDの罰金。

ゴミのポイ捨て

初犯は2,000SGDの罰金。再犯は4,000SGDで3回目以降は10,000SGD。

野鳥へのエサやり

鳩など野鳥は病原体を拡散するため、エサやりをすると罰金500SGD。

観光立国なので他人を不快にする行為は基本的にアウト。トイレを流さなかったり、横断歩道以外を横断したりするのもNG。自宅の木の伐採制限もある。

1SGD（シンガポールドル）＝116円　※2024年5月時点

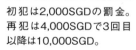

実は日本には多くの金や銀が眠っている!?

廃棄されたスマホや家電は実は宝の山

近年よく耳にする、レアメタルやレアアースという言葉。**レアメタルは特定の鉱物を指すのではなく、レア（希少）な金属という意味**で、計31種類あります。レアアースは、そのうちの17種類ある元素（希土類）の総称です。

レアメタルは、半導体や特殊合金として用いられる先端産業にはなくてはならないものです。ところが、希少性の高さから需要が供給量を上回るのが常。そこに生産国との外交関係の悪化や紛争、生産地の政情不安などが生じれば、たちまち供給がとだえるリスクを抱えています。実際過去に日中関係が悪化し、レアアースの世界的な供給国である中国が対日禁輸措置を講じたケースもありました。同じことがくり返されないよう、日本は中国への依存度を引き下げると同時に備蓄も進めていますが、なかなか思うようにいかないのが実状です。

そんななか注目されつつあるのが、**スマホやPC、家電などの廃棄物に含まれるレアメタルです。いわゆる「都市鉱山」と呼ばれるもので、日本におけるその蓄蔵量は金で6800t、銀で6万tといわれています。**世界全体の埋蔵量と比較すると金が約16%、銀が約22%で、まさに宝の山といっていいでしょう。こうした眠れる資源をムダにしないよう、リサイクル推進の動きが高まっています。

廃棄物をリサイクルして有効利用

スマホやPC、デジタルカメラなどの小型家電には、さまざまなレアメタルが使用されている。それが回収されずに廃棄されている現実を指して「都市鉱山」という。循環型社会実現のためにも、これら廃棄物のリサイクルが重要だ。

眠れる海洋資源メタンハイドレート

メタンハイドレートはメタン（天然ガス）と水が結合した物質のことで、氷状のため「燃える氷」とも呼ばれている。領海と排他的経済水域を合わせた面積が世界第6位の日本の海底には、年間消費量の100年分の埋蔵量があると考えられている。ただ、採掘コストがかかるほか、安定生産するための技術も確立されておらず、まだまだ実用化にはほど遠い。

小さな島に日本が７５０億円も費やしている理由

日本最南端の島の存在感

日本の最南端は沖縄県にあらず、小笠原諸島にある沖ノ鳥島です。住所は東京都小笠原村ですが、東京都心からは１７００㎞離れています。緯度は北緯20度25分で、ハワイのホノルルよりさらに南。気候も日本には珍しい熱帯です。沖ノ鳥島の最大幅は東西４・５㎞で、南北１・７㎞です。この島はサンゴ礁が環状に連なった環礁という特徴があり、満潮になるとその大部分が海に沈み、東小島と北小島のふたつの島が１ｍほど海面に顔を覗かせます。

そんな小さな島に対し、**日本政府は波に削られ消えてしまわないよう護岸工事を施したり、消波ブロックで周囲を囲んだりと懸命な保全活動を行っています。これまでにかかった費用は７５０億円**。なぜそれほどの大金を投じなければならないのでしょう。それは、**沖ノ鳥島が失われると、この島を根拠とした排他的経済水域（ＥＥＺ）も同時に失われてしまう**からです。その広さは約40万㎢と、日本の国土の約38万㎢を上回ります。沖ノ鳥島は国際的に認められた日本固有の領土であり、法律上の定義においても島と定められています。どんなに小さくとも、私たちの大切な国土です。しかし、人の住めない岩は排他的経済水域を有しないという海洋法の定義を根拠に、これを認めない国も一部には存在します。

日本の排他的経済水域

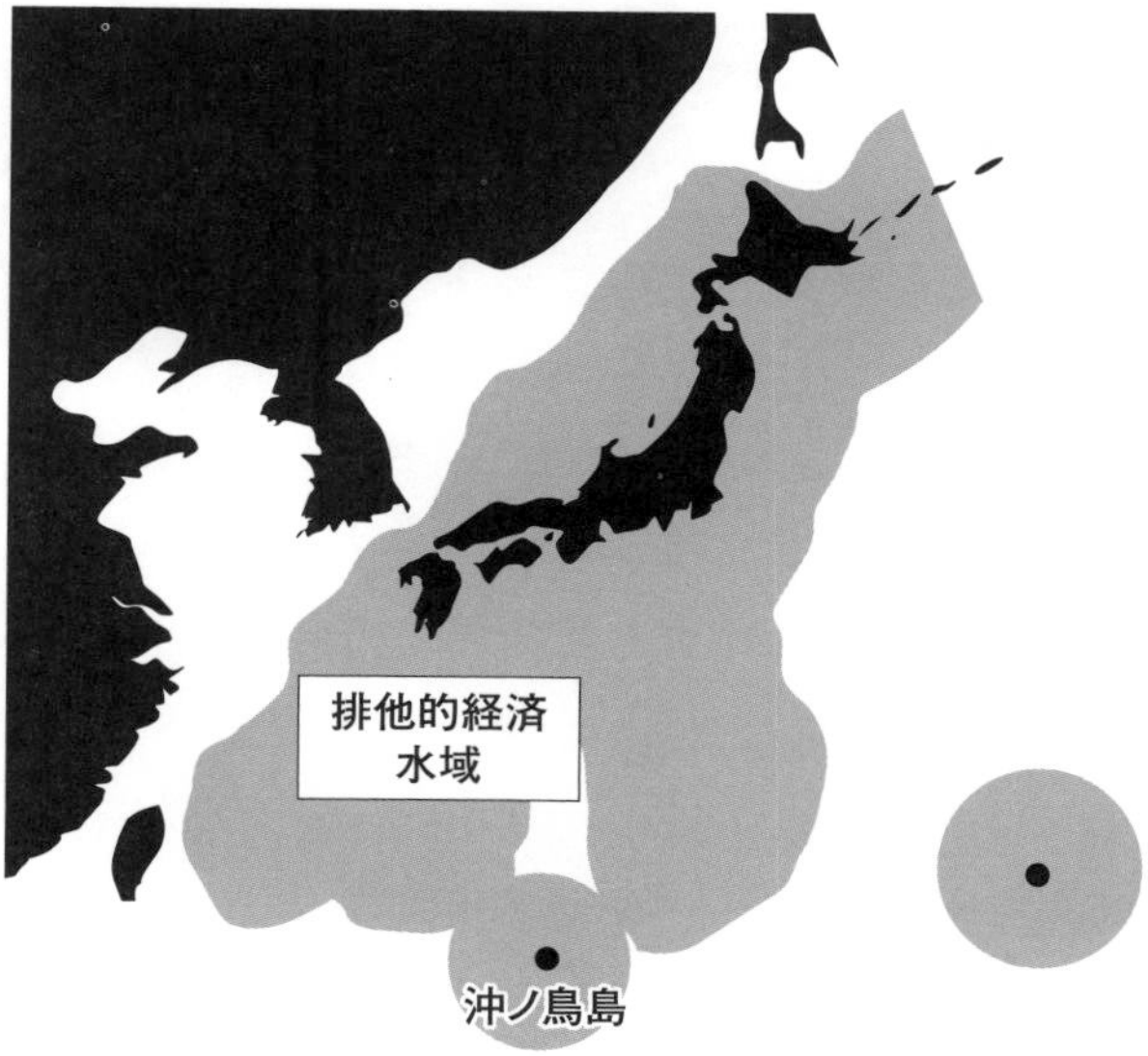
排他的経済
水域
沖ノ鳥島

沖ノ鳥島が海に沈むと、日本は約40万㎢の排他的経済水域を失うことになる。そのため、護岸工事など懸命な保護措置が講じられている。

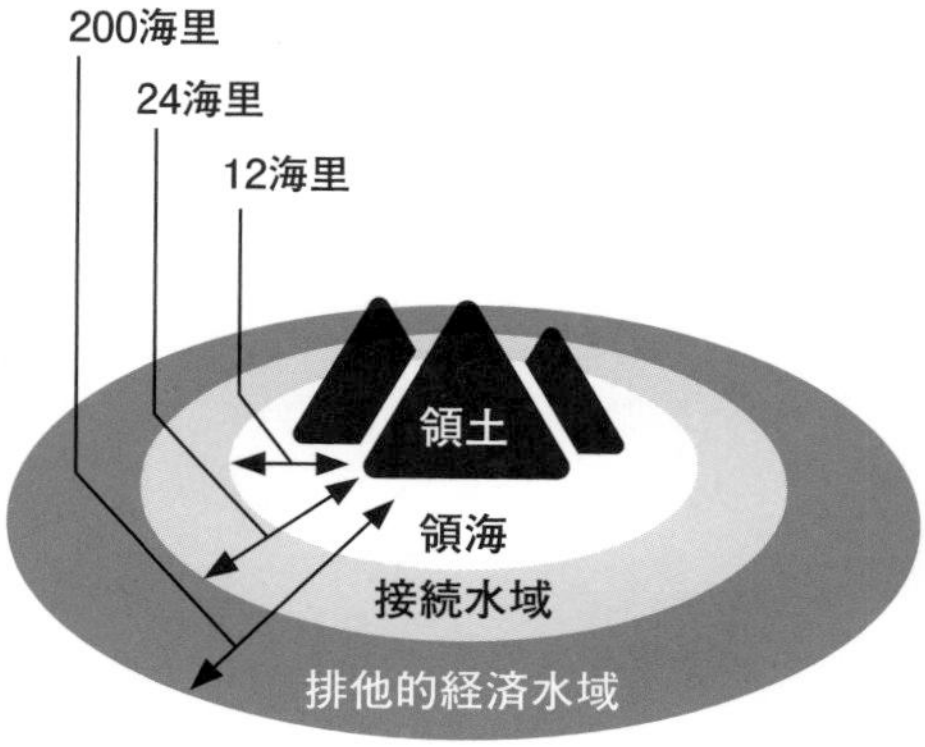
200海里
24海里
12海里
領土
領海
接続水域
排他的経済水域

排他的経済水域とは

沿岸国が、天然資源の開発など経済的活動についての主権的権利と、海洋の科学的調査などについての管轄権を有する水域。領海の基線（低潮線＝海面が最も低いときの陸地と水面の境界線）から200海里（約370㎞）までの海域。

Column 1

アメリカが銃社会である理由も地理でわかる

殺人や自殺、誤射などを含めて、毎年何万人も銃による死者を出しているアメリカ。凄惨な乱射事件が起こるたびに規制の気運が高まるものの、一向に銃規制は進んでいません。

私たち日本人からすると、そんな物騒なものは即刻禁止にしてしまえばいいのに……と思ってしまいますが、アメリカの人々にとって、銃というのはそう易々と手放せるものではないのです。

まず、どうしてアメリカで銃の所持が認められているかというと、それはアメリカの土地柄にあります。とにかく土地が広大なため、命や財産に危害が及びそうになった際、警察を呼んでも日本に比べてすぐには来てくれません。それゆえに、自分で自分を守るしか手立てがなく、銃を持たざるを得なかったのです。

また、経済的な理由もあります。コロナ禍で社会不安が高まった2020年、アメリカの銃の販売数は2300万丁を記録しました。これだけの数を販売するということは、製造会社や販売店、射撃場など、銃市場の就労者数は相当な規模になります。もしも銃が全面的に禁止されれば、雇用が大きく失われるだけに、経済的ダメージは計り知れません。これも銃規制が進まない大きな要因というわけです。

Chapter

2

国土や
気候で見る
「地理と経済の話」

海に囲まれた島国もあれば
まったく海に面していない国もあり、
地域によって国土や気候は異なります。
その国ならではの産業や、
成長の仕方などを見ていきましょう。

広大な土地だけど、悪条件が重なっているアフリカ大陸

ほぼ全域が熱帯と乾燥帯

古い地質時代以降、ほとんど造山活動が起こらない陸地を安定陸塊といいます。隆起することなく浸食を受け続けるため、平野・平原が多く分布するのが特徴です。アフリカ大陸もそうした安定陸塊の構造を持っています。

アフリカはユーラシアに次いで2番目に大きな大陸ですが、人口は世界人口の約18%に過ぎません。その大きな理由として挙げられるのが気候です。アフリカ大陸は、その中心近くを赤道が通過し、北緯35度から南緯35度の間にほぼ全体が収まります。

赤道付近は、地球上で最も気温が高い熱帯地域。この付近で熱せられた大気により、高気圧が生じて、サハラ砂漠などの砂漠地帯を形成しました。**熱帯と乾燥帯、これらふたつの気候が大陸の約85%と大部分を占めるため、アフリカは人が生活するには厳しい環境であるといわれています。**

水運が未発達なのも、発展を妨げる大きな要因となっています。アフリカのほとんど全域が高地で、海岸近くでもまだ標高が高いため、川が河口近くで急流や滝になり、船が出入りできないのです。そんななかで水上交通が可能なナイル川流域に人が集まるのは必然で、特に地中海への出入り口にあるエジプトが今も昔も栄えています。

赤道に貫かれたアフリカ大陸の特徴

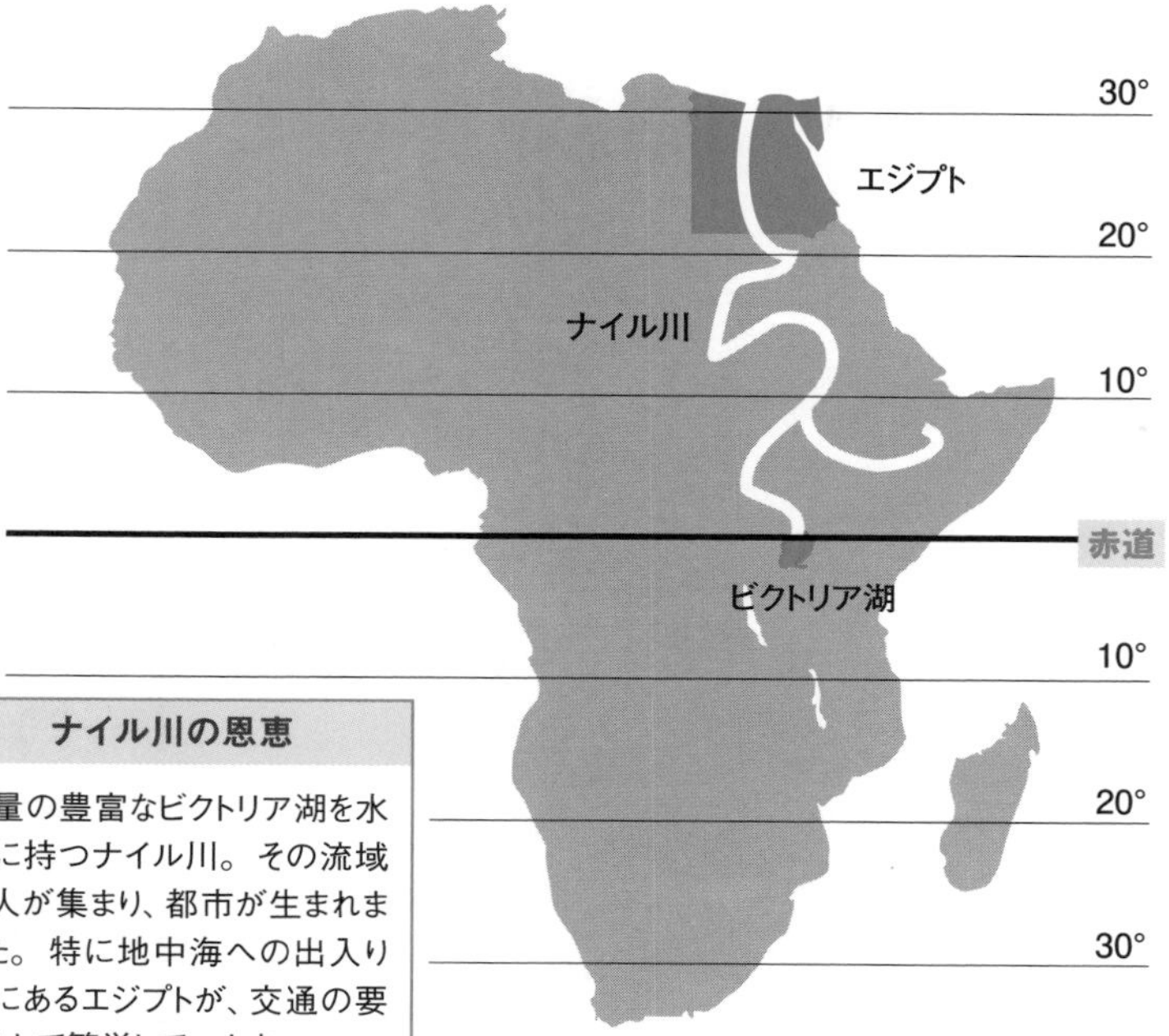
30°
エジプト
20°
ナイル川
10°
赤道
ビクトリア湖
10°
20°
30°

ナイル川の恩恵

水量の豊富なビクトリア湖を水源に持つナイル川。その流域に人が集まり、都市が生まれました。特に地中海への出入り口にあるエジプトが、交通の要衝として繁栄しています。

熱帯の赤土ラトソル

高温湿潤な熱帯の環境で有機物が分解されて失われ、風化に強い鉄・アルミニウムの水酸化物が土層に集積したのがアフリカの土壌を覆うラトソルです。農業には不向きですがレンガの材料として使われています。

「ＥＵに加盟する」ってどういう意味があるの？

ヨーロッパが一体となって前進

ヨーロッパ諸国はアメリカやロシア、中国などが軍事・経済面で大国化していくなか、国単位ではこれに対抗することが難しくなりました。そうした状況から生まれたのが、ヨーロッパ統一という考え方です。１９５８年のＥＥＣ（欧州経済共同体）からはじまった地域統合の流れは、ＥＣ（欧州共同体）の時代を経て、１９９３年にＥＵ（欧州連合）として結実します。

政治的結びつきを強めたＥＵ諸国は、共通政策をとることで足並みをそろえます。輸出入に関する制限をなくしたり、パスポートなしの往来を認めたりと、人と物の出入りを自由にしたのもその一環。そして統一通貨ユーロの採用により、共同体としての姿勢はいっそう明確になりました。しかし、統合を強めることに不満を抱く加盟国やその国民もいます。

実際にイギリスでは、ＥＵのルールに従うことで自国の主権が制限されているなどと不満を持つ国民が増えました。そのため、ＥＵ離脱の是非を問う国民投票が２０１６年に行われ、離脱を望む国民が多数を占めたのです。その結果を受けて、イギリスは２０２０年にＥＵを離脱しました。

統合によるデメリットはありますが、政治的な垣根がなくなったことによるメリットが大きいのも確かでしょう。

ＥＵ（欧州連合）とは？

2024年現在のEU加盟国

ドイツ、フランス、イタリア、ベルギー、オランダ、ルクセンブルク、アイルランド、デンマーク、ギリシャ、スペイン、ポルトガル、オーストリア、スウェーデン、フィンランド、エストニア、ラトビア、リトアニア、ポーランド、チェコ、スロバキア、ハンガリー、スロベニア、マルタ、キプロス、ブルガリア、ルーマニア、クロアチア（加盟順）

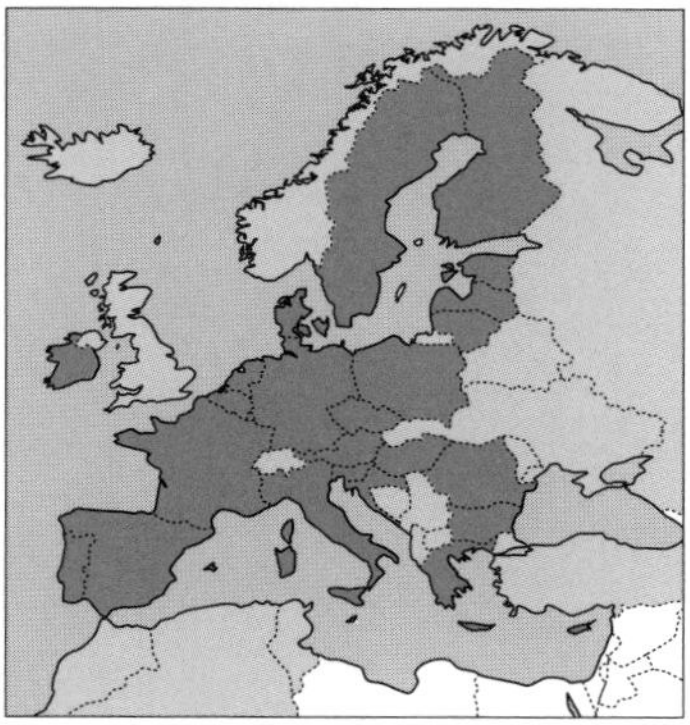

■＝EU加盟国

現在の加盟国は27カ国。イギリスも加盟していたが2020年に離脱した。
加盟候補国は9カ国で、ロシアと戦争中のウクライナもそのひとつ。

EU 加盟の主なメリット・デメリット

メリット	デメリット
EU内の経済活動がより自由になる	経済格差が生まれる
政治的な結びつきが強まる	EU内のルールに従わなければならない

ヨーロッパ統合のあゆみ

1958年
EEC
欧州経済共同体

➡

1967年
EC
欧州共同体

➡

1993年
EU
欧州連合

フランス、西ドイツ（当時）、イタリア、オランダ、ベルギー、ルクセンブルクの6カ国を創設国（原加盟国）とし、EEC、EC、EUと形を変えて拡大発展してきた。

統一通貨ユーロ

EUの統一通貨。加盟27カ国のうち20カ国で使用されている。自国通貨を使っている残りの7カ国にも、将来の採用義務がある。

ヨーロッパの気候と地形は経済発展にうってつけ

人が活動しやすい温帯地域の利点

古代文明の時代からさまざまな文化や民族が交流し、発展していった地中海沿岸地域。ヨーロッパもその恩恵に浴し、中世を経て近世では大航海時代の覇者に、さらに近代では産業革命の主役になりました。そして今もなお、世界的に重要な文化・経済圏に数えられています。G7（主要7カ国）に名を連ねる国のうち、4カ国がヨーロッパの国々であることがその証明といっていいでしょう。

では、このように世界的に影響力を有する国が一地域に集まったのはなぜか。**ヨーロッパの広い範囲が温帯に属する**という、地理的な要因が大きいとされています。

熱帯や寒帯ではそもそも人の活動が制限されるもの。一方、日照が安定している温帯は、人が活動するのに最適な気候なのです。さらに温暖で適度に降水のある温帯地域では、落ち葉や枯れ葉が分解されて蓄積した腐植土と呼ばれる肥沃な土壌ができあがります。これが農業に適しているのです。

ヨーロッパには**平野が多く、標高も高くないため、人の移動や物流が盛ん**という点も見逃せません。このような土地では河川を利用した水運が有効だからです。**ヨーロッパの繁栄の背景には、生産力に直結するような気候や地形の要素が働いていたのです。**

G７の大半がヨーロッパの国

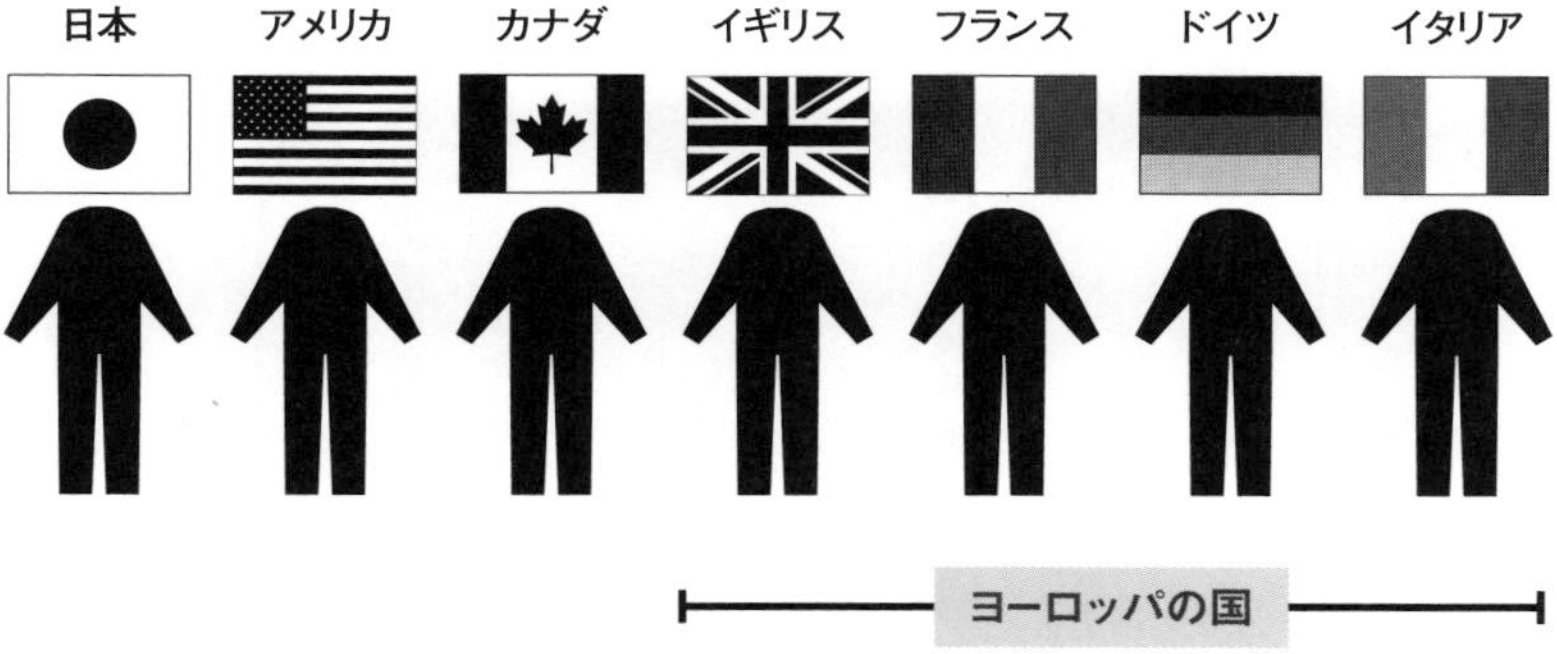
日本
アメリカ
カナダ
イギリス
フランス
ドイツ
イタリア
ヨーロッパの国

G7サミット（主要国首脳会議）は、政治・経済に関する国際的な課題について話し合う、主要7カ国による国際会議。

農業に適したヨーロッパの環境

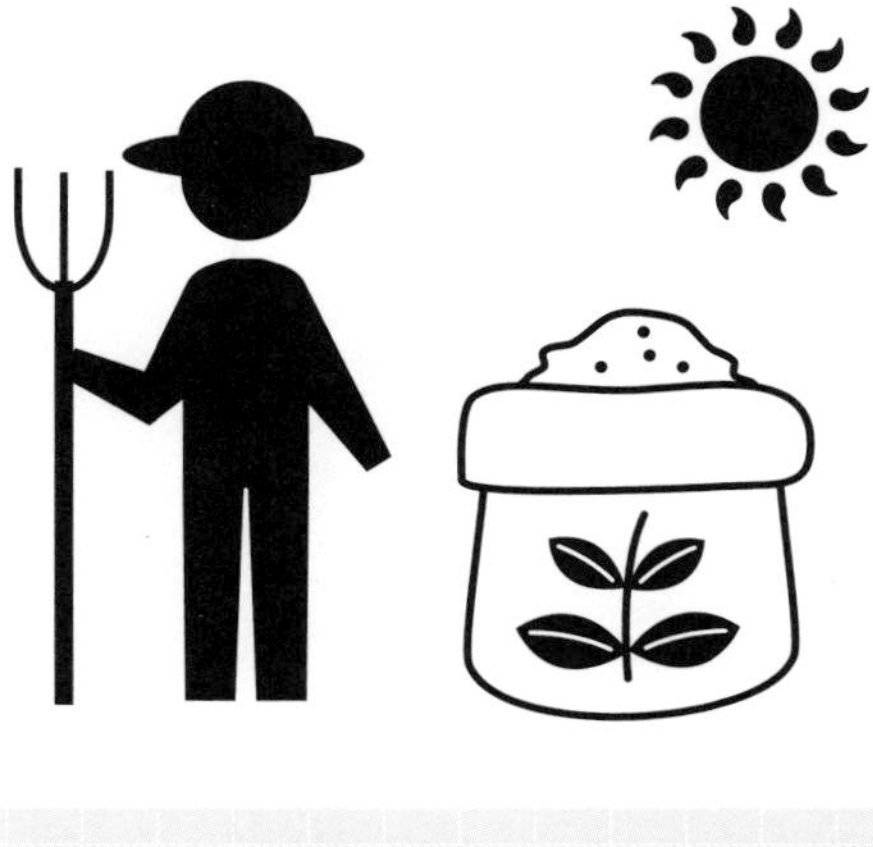

ヨーロッパの多くの地域は、農業に向いた温帯。平原が広がり、低地で河川もゆるやかに流れるため、物流も自然と盛んになった。気候と地形に恵まれているという前提のもと、ヨーロッパ経済は育まれていったのである。

文明は大河の近くで誕生・発展する

中国悠久の歴史を支えたふたつの大河

「世界四大文明」は、いずれも大河のほとりで生まれました。中国の黄河文明もそのひとつです。ここでは中国を例に挙げて大河と文明の関係を解説します。

日本や中国では四大文明と表現されますが、国際的には「文明のゆりかご」ともいわれ、そこでは四大文明のほかにもさまざまな文明発祥の地が挙げられています。そして、そのなかに中国の長江（揚子江）から起こった長江文明が含まれているのです。

現在、長江文明は黄河文明より先に生じたとする研究もありますが、いずれにしても**中国を代表するふたつの大河が文明のゆりかごとなった**のは確かでしょう。

中国は、東部に広い平野を持っています。風や雨の浸食を受けたなだらかな大地に沿って、大河が下流へと土砂を押し流してできたものです。**平野は農業に適した地形なので、ここに人々が定住し、国を形成していきました。**広大な平野は、都市を築き、これを拡大していくのにも適していたわけです。

7世紀には、ふたつの大河を結ぶ運河もできました。龍にたとえられることもある**黄河と長江、そして各地に延びる多数の運河により発達した水運は、昔も今も人々の移動と物流を支える重要なインフラなのです。**

発展した都市の多くが海側にある

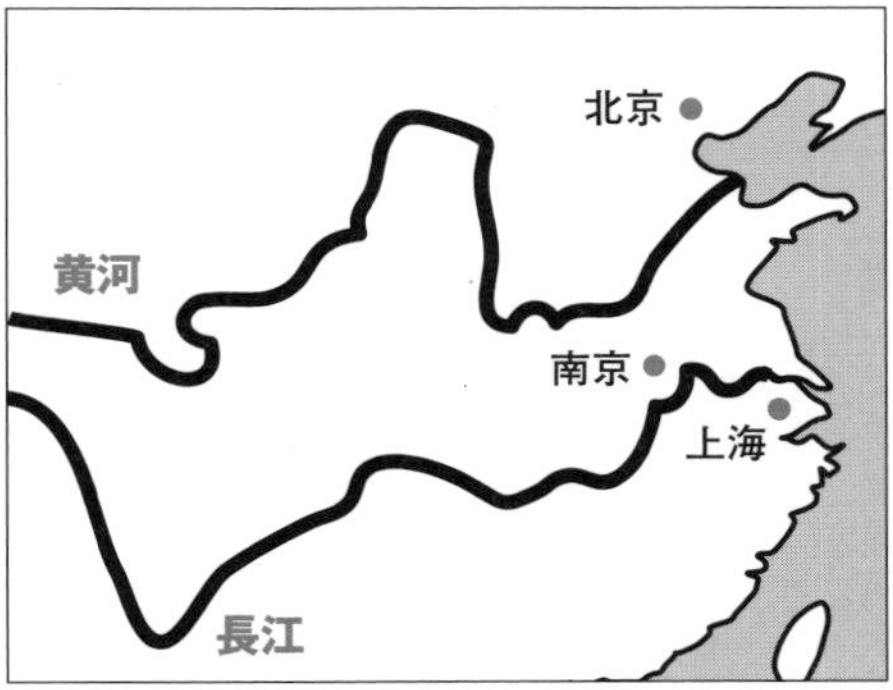

中国の地形を大まかにいうと西が山で東が平野。歴史上、隆盛をきわめた国家・大都市は海抜500mより低い、海沿いの平野部に多い。現在もそれは変わらない。

大河のほとりから文明が拡大

世界で3番目に長い川・長江と、同じく7番目に長い川・黄河。ふたつの大河を持つ中国は、その恩恵を最大限に活かして多くの人口を抱える大国となった。

黄河文明発祥の地は、黄河中下流域の平野部。最初に統一国家が生まれたのもこの地とされている。

東南アジアが成長著しいのはなぜ？

農作物の輸出から工業化へ

東南アジアでは、日本のように稲作が盛んに行われています。稲作に必要な条件は、水はけのよい土地と、気温が高く雨が多いこと。アルプス・ヒマラヤ造山帯と環太平洋造山帯が集まり、**肥沃な火山灰土壌が広がる東南アジアは、まさに稲作に最適の土地**といえるでしょう。火山由来の土壌は、浸透性と保水性に優れているからです。また、**熱帯モンスーン（季節風）の影響で年間の降雨量が多いのも特筆すべき点**です。このような環境の助けもあり、東南アジア地域は多くの人口を抱えるようになりました。

植民地時代の東南アジアは、輸出用の単一品種を栽培するモノカルチャー社会でした。天然ゴムやコーヒー豆といった輸出用作物を、プランテーションと呼ばれる大規模農園で栽培し、利益を得ていたのです。特定品種に依存する、リスクの高い状態といえます。

戦後、東南アジアの国々は宗主国からの独立を果たしました。依然としてモノカルチャーを続ける国もあるものの、外国企業を積極的に誘致して、確実に域内の工業化が進められています。**ASEAN（東南アジア諸国連合）の加盟国も増え、自由化の好影響も出はじめました。**現在、東南アジア諸国は急速な経済発展のさなかにあり、その影響力は世界的にも無視できないものになってきています。

ASEAN（東南アジア諸国連合）

Association of
South **E**ast
Asian **N**ations

1967年に、地域の平和安定と経済の発展を目的に結成された。

2024年現在のASEAN加盟国
●原加盟国 インドネシア、マレーシア、フィリピン、シンガポール、タイ
●追加加盟国 ブルネイ、ベトナム、ラオス、ミャンマー、カンボジア
●加盟候補国 パプアニューギニア、東ティモール

東南アジアの代表的農作物

バナナ

日本の輸入バナナのほとんどがフィリピン産。プランテーションで大量生産されている。

コーヒー豆（ロブスタ）

ベトナムはインスタント・缶コーヒーに用いられるコーヒー豆の世界的な産地。

天然ゴム

タイヤやホースの原料となる。インドネシアやタイで多く生産されている。

工業化が進む東南アジアだが、現在もプランテーションで生産された多くの農作物が海外に輸出されている。

なぜ東南アジアは言語や宗教がバラバラなの？

古来、多くの民族がこの地に流入した

東南アジアはふたつの造山帯が集まる場所にあるため、古くから地殻変動が活発でした。高山が多く、海に大小数万の島を有するのもそのためです。この地理特性によって、少数の民族や集団がひそかに生き延びることが可能となりました。

季節風と、拠点となる島々があることから、かねてこの一帯は海上交通の盛んな地域としても知られていました。そこでいわゆる**「海のシルクロード」の要衝として、多くの民族がこの地にやってきます。また近代以降は、植民地としてヨーロッパなど異文化の人々による支配を受けた経験から、多くの国が多民族国家に。そこに先住民族が入り混じり、結果として言語や宗教も多様化していきました。**

たとえば言語では、多くの国で華僑（中国生まれで外国に移住した人々）は中国語、インドはタミル語やヒンディー語など、マレーシアではマレー語を使うほか、自国語以外に英語を公用語とするケースもあります。

宗教に目を向けると、大陸部は仏教徒、インドネシアの島しょ部はムスリムが多い傾向にあるようです。ほかにもフィリピンのようなキリスト教徒が多い国もあります。統一感はないものの、それがいい意味で地域内の文化の多様性を生んでいるのです。

主な東南アジア諸国の特徴

タイ

立憲君主制の王国で、ほとんどが仏教徒の仏教国。公用語はタイ語で、民族の大多数がタイ族。

ベトナム

旧正月や中秋節など中国文化の影響が強い。仏教徒が多いが、キリスト教やムスリムなども公的に認められている。

フィリピン

マレー系中心の多民族国家。キリスト教が盛んで、スペイン植民地時代に広まった。フィリピン語にくわえ、英語も公用語。

インドネシア

ASEANの盟主。人口が世界第4位で、国民の9割がムスリム。約300の民族がいて言語も500以上ある。

ミャンマー

以前の国名はビルマ。人口の9割が仏教徒でムスリムへの差別や弾圧が苛烈。現在は軍事政権下にある。

マレーシア

マレー系、華僑、インド系を主要民族とする多民族国家。国教はムスリムで、主にマレー系が信仰。

シンガポール

東南アジアの枠を超えた世界的経済国家。イギリス連邦の加盟国で公用語は英語だが、住民の多くは華僑。

古くから異文化・異民族の支配にさらされたため、東南アジアは多様な民族・言語・宗教を有する地域になった。

災害の起こりやすさと貧困は切っても切り離せない

自然災害の脅威に常にさらされている

バングラデシュは、かつて世界最貧国といわれていました。しかし近年、高い経済成長率を維持するようになり、所得水準も上昇、貧困層はかなり減少しています。それでも、貧困国からなかなか抜け出せずにいるのが現状です。

バングラデシュは、パドマ川（ガンジス川）、ジャムナ川、メグナ川という**3つの大河と、その支流によって形成されるデルタ地帯（三角州）が、国土の大部分を占めています**。また、これら河川の下流に位置するため、隣国インドから大量の水が流入してきます。

熱帯モンスーン気候の影響を受け、年間降水量の70％の雨が4カ月間に集中。また、国外から流入する水も国内降水量の4倍に達します。低平地の国土は長期間、洪水に見舞われ、農地も大半が水没。となれば、国民の半数近くが農業に従事するバングラデシュにとって経済への影響は大きいものがあります。

洪水だけでなく、**ベンガル湾で毎年のように発生する高潮を伴ったサイクロンの被害も大きく**、１９７０年には最大50万人が、１９９１年は14万人が犠牲になりました。日本の４割ほどの面積に1億６０００万人の国民を抱える、人口的ポテンシャルの高い国ですが、なかなか貧困国から抜け出せないのはこうした自然災害への脆弱性があるためなのです。

恒常的に起きる自然災害の脅威

国土の大半がデルタ地帯で平地のため、洪水・高潮・鉄砲水などの水害の脅威に常にさらされている。 サイクロンも頻発する。

洪水

降雨量の多い雨季にはインドからも大量の水が流れ込み洪水が発生する。

サイクロン

ベンガル湾に熱帯モンスーンが吹き寄せ、毎年のようにサイクロンが発生する。

干ばつ

雨季と乾季の降雨量の差が大きいため乾季には干ばつが起きる。 温暖化により、この傾向に拍車がかかる恐れも。 温暖化は海面上昇をもたらし、これも水害の多いバングラデシュには深刻な問題である。

厳しい気候でも西アジアが発展できたのはラクダのおかげ

ラクダの存在が砂漠を交易ルートに

西アジアの中東地域は、亜熱帯高圧帯に属しています。年間を通じて気圧が高く、そのため乾燥が激しい地域です。ちなみに、世界の多くの砂漠は、この亜熱帯高圧帯の影響を受けて形成されています。

乾燥してはいても、温暖なので水があれば灌《かん》漑《がい》により小麦の栽培が可能です。そのため、大河の流域に早くから文明が誕生し、発展していきました。チグリス・ユーフラテス川流域、ナイル川流域などがそれに当たります。

砂漠地帯では、オアシスも重要な水源となります。この近くには都市国家が生まれ、中継貿易の拠点となりました。

砂漠地帯で水運に頼れるのは大河周辺だけなので、それ以外の地域では交易のための足が必要でした。そこで重宝されたのが、ラクダ（ヒトコブラクダ）です。

ラクダは**背中のコブに蓄えられた脂肪を、食事をとれないときのエネルギー源にします。**このとき、代謝水という水分もつくられ、水分の補給が可能です。そもそも体質的に、体に長く水分を蓄えることができるようになっています。つまり、**砂漠のお伴にこれ以上適した家畜もいないのです。**こうして**ラクダは荷物の運搬役として重要な役割を担い、西アジアの文明を発展させる大いなる助けとなったのです。**

都市はオアシス付近で発展する

隊商たちが水と食糧を補給するオアシスは、交易の拠点として重要だった。

砂漠で水は何よりも貴重。オアシスの近くで発展した都市も多い。

砂漠の乗り物ラクダ

ヒトコブラクダ

乗用・運搬用の家畜だが、乳や肉は食用にもなる。

長いまつ毛や開閉可能な鼻孔は、砂が入らないようにするためのもの。栄養を溜めるコブも含め、砂漠に適応した動物としてラクダに優るものはない。1日あたりの荷物の運搬距離はなんと40km。昔から人間に飼われていた。

オーストラリアの何よりの強みは「南半球にある」こと

貿易相手の大国と逆の季節

オーストラリアはオセアニア地域の盟主であり、政治・経済の中心地でもあります。かつてはイギリスの植民地でしたが、１９０１年に事実上独立を果たしました。ただ、現在もイギリス連邦を構成する国のひとつであり、形式的にはイギリス国王チャールズ３世がオーストラリア国王も兼務しています。

オーストラリアは、大陸にして国家である唯一の例として知られています。その広大かつ平坦な土地は乾燥帯で砂漠気候が広いので、農業や畜産業に最適ではないです。農地は国土の４％にしかすぎません。広大で平坦な土地を利用し、水を確保することで農地や牧場にしています。鉄鉱石・石炭といった天然資源も豊富です。貿易の相手国はアメリカ、中国、日本、ＥＵ諸国が中心です。なかでも中国は、海路での往来が容易なことから、近年は特に重要な輸出相手国となっています。

注目したいのが、これら**貿易の相手となる国々が北半球にあり、オーストラリアは南半球にあるという点**です。赤道を境に南北で季節は反対になるため、**北半球が夏だと南半球は冬、北半球が冬だと南半球は夏になります。**つまり、**オーストラリアはヨーロッパや北アメリカ・アジアなど、農産物が収穫できない時期に生産出荷することができるのです。**

赤道の南北で季節が反対になる理由

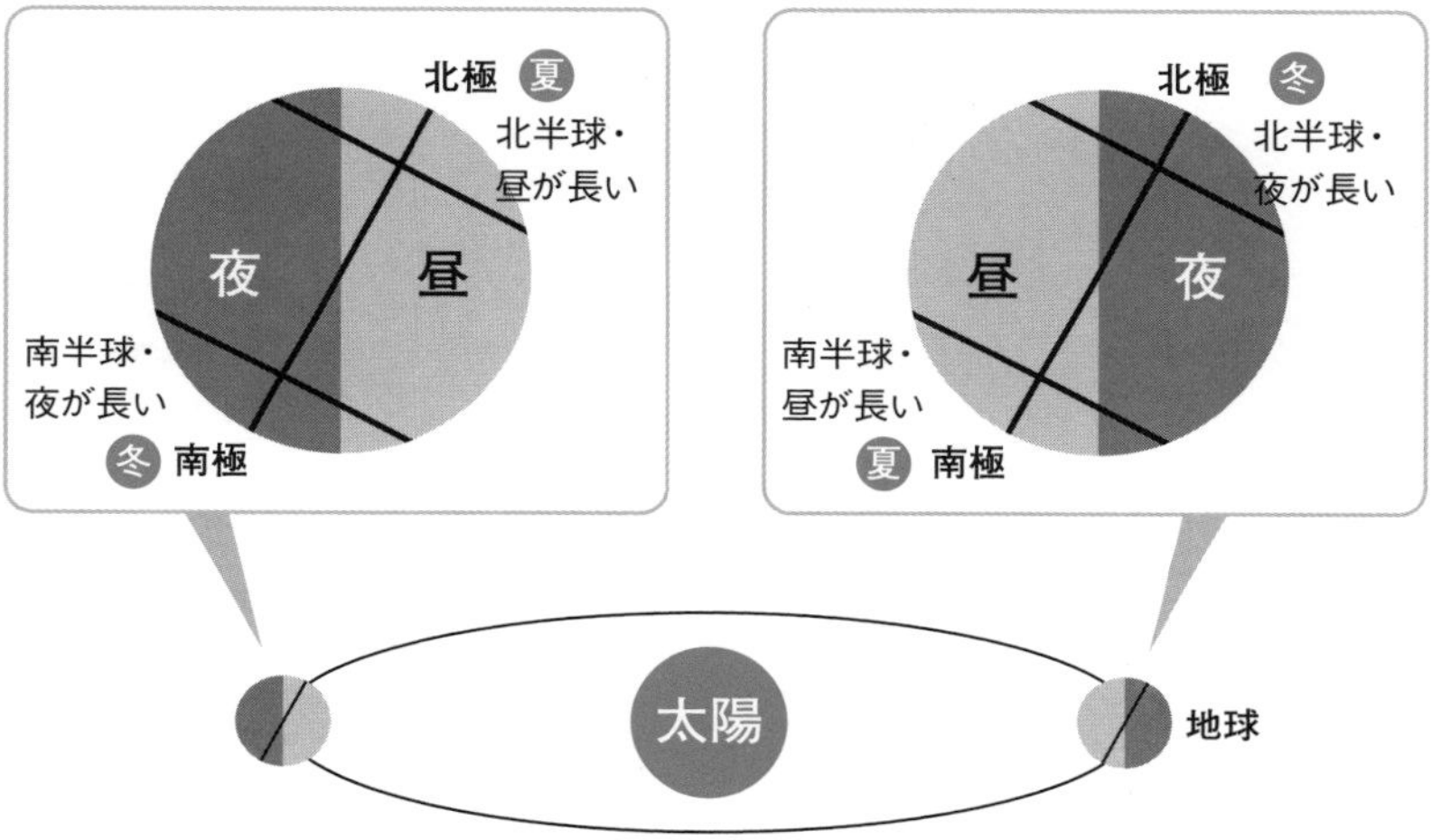

季節が正反対になるのは、地球が傾いて自転しながら太陽の周りを回っているため。 太陽のほうを向いている側の半球は暖かくなり、反対側の半球は寒くなる。 赤道付近は常に太陽に近いため、年間を通じて気温が高くなる。

観光の目玉となっている動物たち

約6000万年前から外界と隔絶されていたオーストラリア。 今も多くの固有種が生息し、観光資源になっている。

羊のいない国で羊ビジネスが生まれた理由

乾燥地帯が高級ウール用の羊に最適

オセアニア地域は羊毛（ウール）生産地として有名で、オーストラリア、ニュージーランドともに羊の飼育が盛んに行われています。近年は中国、インドの躍進が著しいものの、依然として世界で指折りの羊毛供給地域です。両国の２０２２年の羊の飼育頭数はそれぞれ７０００万頭、２５００万頭を超えています。オーストラリアは人口２６６０万人（２０２４年）、ニュージーランドは５１２万人（２０２１年）で、人間より羊のほうが多いのです。

このうちオーストラリアは、飼育頭数が世界3位、羊毛生産量が中国に次ぐ2位、羊毛輸出量が1位と堂々たる成績。特筆すべきは、ライバルである中国を最大の輸出相手としていることでしょう。そんな羊大国のオーストラリアも、ニュージーランドも、昔から羊がいたわけではありません。**イギリスの植民地だったころ、本国へ羊毛や羊肉を供給するために飼われるようになった**という歴史があるのです。

オーストラリアの国土の大半は乾燥地帯ですが、その半分近くを牧場や牧草地として利用しています。乾燥地帯では牧草の生育はよくありませんが、**ウール用の羊のうちでも最も優れたメリノ種の生産には適しています**。そのため、オーストラリアは**高級メリノウールの代表的な産地**となっています。

人間よりも羊の数が多い国

2022年羊毛生産量ランキング

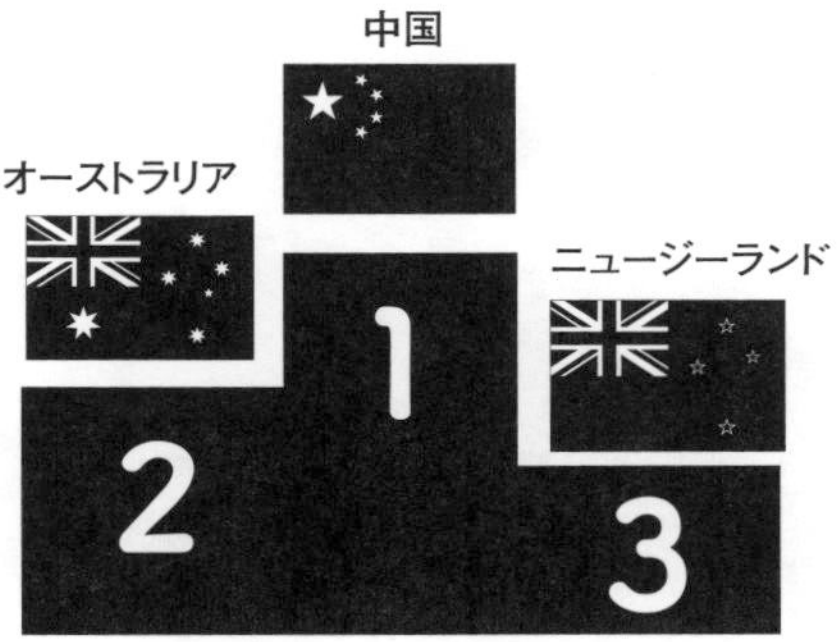
中国
オーストラリア
ニュージーランド
1
2
3

羊毛の生産量は1位が中国、2位がオーストラリア、3位がニュージーランド。オーストラリアとニュージーランドの人口は、それぞれ2660万人、512万人であり、羊の飼育頭数は7000万頭、2500万頭以上。人間よりも羊のほうが多く住んでいる。

18世紀末にイギリスから持ち込まれた

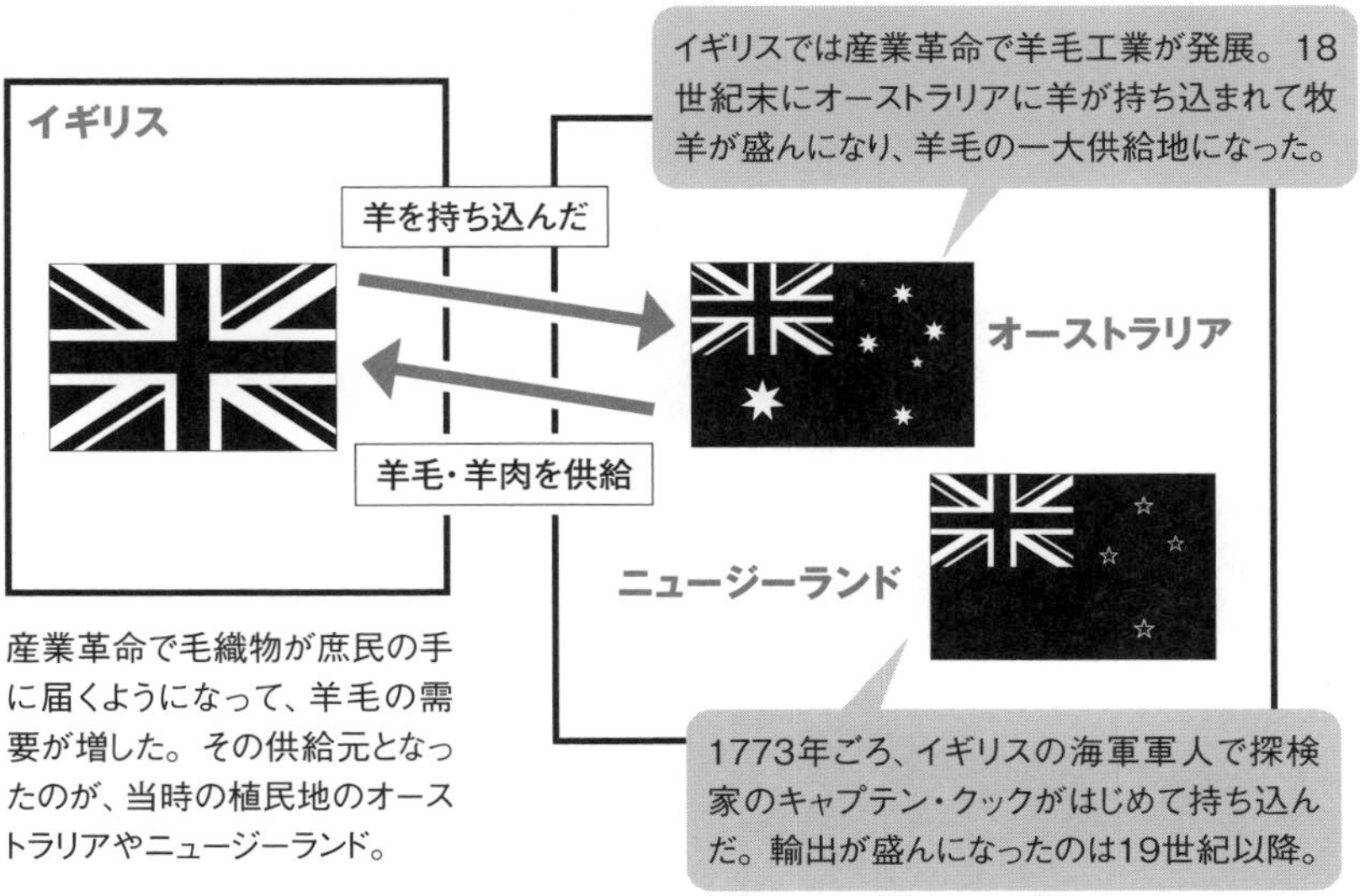
イギリスでは産業革命で羊毛工業が発展。18世紀末にオーストラリアに羊が持ち込まれて牧羊が盛んになり、羊毛の一大供給地になった。
イギリス
羊を持ち込んだ
羊毛・羊肉を供給
オーストラリア
ニュージーランド
1773年ごろ、イギリスの海軍軍人で探検家のキャプテン・クックがはじめて持ち込んだ。輸出が盛んになったのは19世紀以降。

産業革命で毛織物が庶民の手に届くようになって、羊毛の需要が増した。その供給元となったのが、当時の植民地のオーストラリアやニュージーランド。

ニュージーランドはあえて開拓しないことで経済を回している

ありのままの自然を堪能する

ニュージーランドの面積は日本の70％ほどであり、人口密度は約20分の1しかありません。広々としたイメージがありますが、実は意外と小さな国なのです。自然にとても恵まれているのも大きな特徴。ニュージーランドでは、この自然の豊かさをセールスポイントにした観光業を前面に押し出しています。国土の約30％を国立公園にし、自然を守るための規制を敷いているのもそのためです。

開発は経済を動かす原動力のひとつですが、**ニュージーランドでは自然をあえて温存し、観光スポットとして活用しています。**さまざまなアクティビティが楽しめる最大のリゾート地クイーンズタウンはいうに及ばず、ワイトモ洞窟で土ボタルを観察したり、最高峰マウント・クックでスキープレーンに乗ったり、広い海岸線でホエールウォッチングを楽しんだり、見どころ・遊びどころは枚挙にいとまがありません。また、観光地にはトレッキングコースもあるので、自然をそのまま体感することも可能です。

この国では、貴重な動物たちも重要な観光資源。オーストラリア同様、固有種が多く生息するニュージーランドでは、飛べない鳥キーウィやカカポ、ペンギンのなかで最も数の少ないイエローアイドペンギンなど、希少な動物たちを積極的に保護しています。

ニュージーランドの飛べない鳥たち

キーウィ

カカポ

イエローアイドペンギン

固有種で目立つのが鳥類。 それも飛べない鳥たちがこれ以外にも多く生息している。長く隔絶された環境にいたため、天敵となる哺乳類がいなかったと考えられている。

自然を利用した数々のアトラクション

景勝地や希少動物を鑑賞・観察したり、自然を利用した数々のアトラクションを楽しんだりと、必要以上に人の手をくわえない観光がニュージーランドのスタイル。

バンジージャンプ

アトラクションとしては、ニュージーランド人が考案し、国内ではやらせたのが最初。発祥地のクイーンズタウンのカワラウ橋は現在も通年営業している。

トレッキング

ニュージーランド人もトレッキングが好きで休日の大きな楽しみにしている。森林や山の多い国なので、観光地にもたくさんのトレッキングコースがある。

南極の氷の下にはすごい量の資源や宝石が眠っている

分厚い氷床の下はまだまだ謎が多い

南極は日本の約37倍の面積がある巨大な大陸ですが、その98％は氷（氷床）に覆われています。氷床の厚さは平均２４５０ｍで、最も厚い氷床は４５００ｍ。富士山も埋もれてしまうほどの分厚さです。地球上の氷の90％は南極大陸にあるとされますが、地球温暖化が進み、この氷が溶けてなくなると、海面が40～70ｍ上昇するといわれています。

ところで、南極の分厚い氷床の下はどうなっているのでしょうか。探査の結果、**湖があり、川も流れていることがわかりました。**湖は数多く発見されていますが、そのうち最大のものがボストーク湖です。琵琶湖の20倍以上の広さがあり、**バクテリアや菌類などの生物も確認されました。**その多くが、氷の底で閉ざされた時間を過ごした未知の種類です。

氷床の下に眠るのは、太古の微生物ばかりではありません。たくさんの地下資源が存在すると考えられています。これまでにも**石油・天然ガス・石炭といった化石燃料や、宝石を含めた数多くの鉱物資源が確認されています。**

とはいえ現在、南極条約により、南極はどこの国にも属さず、平和的利用や領有権の凍結が定められています。つまり、どんな貴重な資源が眠っているにしろ、勝手に資源を採掘したり移動させたりすることはできないのです。

氷床は富士山の高さより分厚い

氷床の厚さは平均2450m。最も厚いところで4500mあり、富士山もすっぽり隠れてしまう。

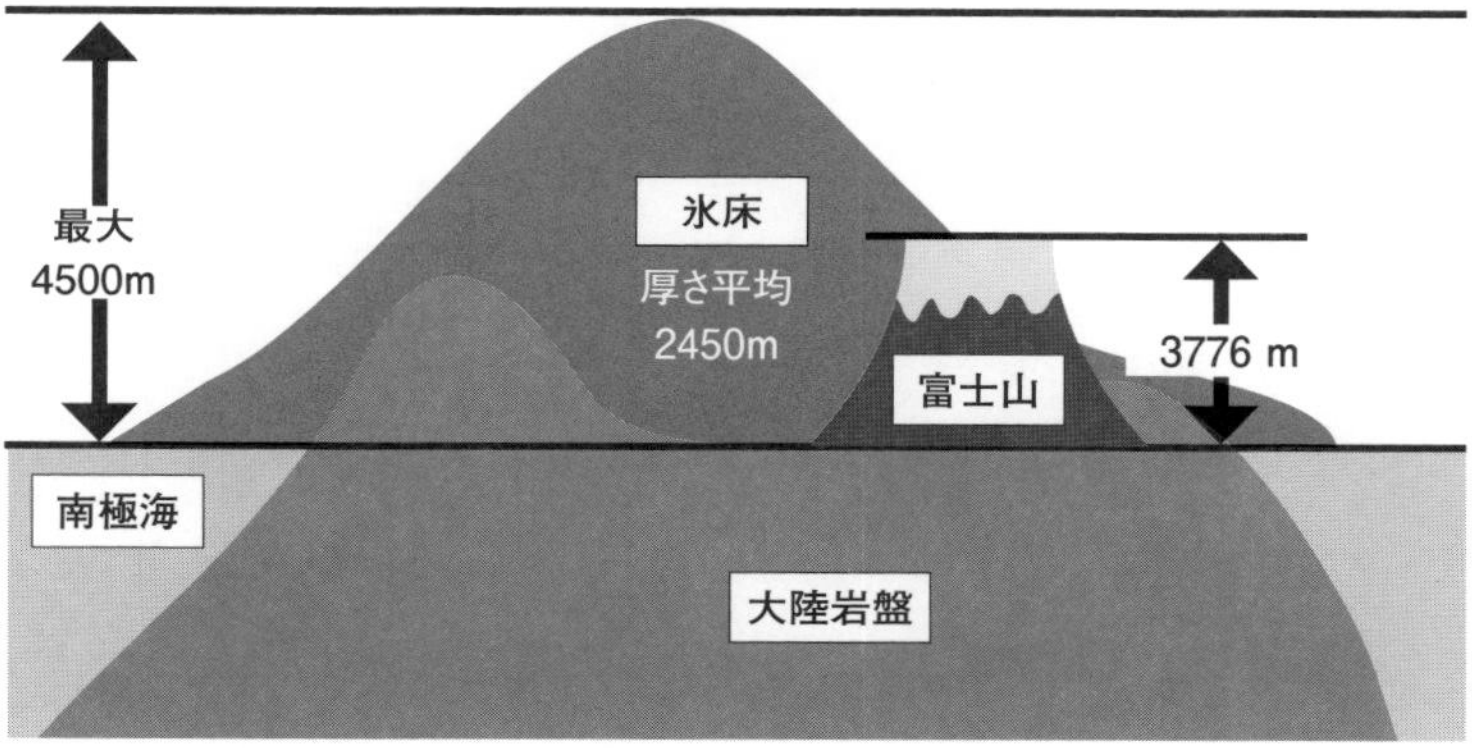
最大
4500m
氷床
厚さ平均
2450m
3776 m
富士山
南極海
大陸岩盤

確認されている地下資源

石油・天然ガス・石炭などの化石燃料に、鉄・コバルト・ウランなどの鉱物、同じく鉱物で宝石となるサファイア、ルビーなども存在が確認されている。

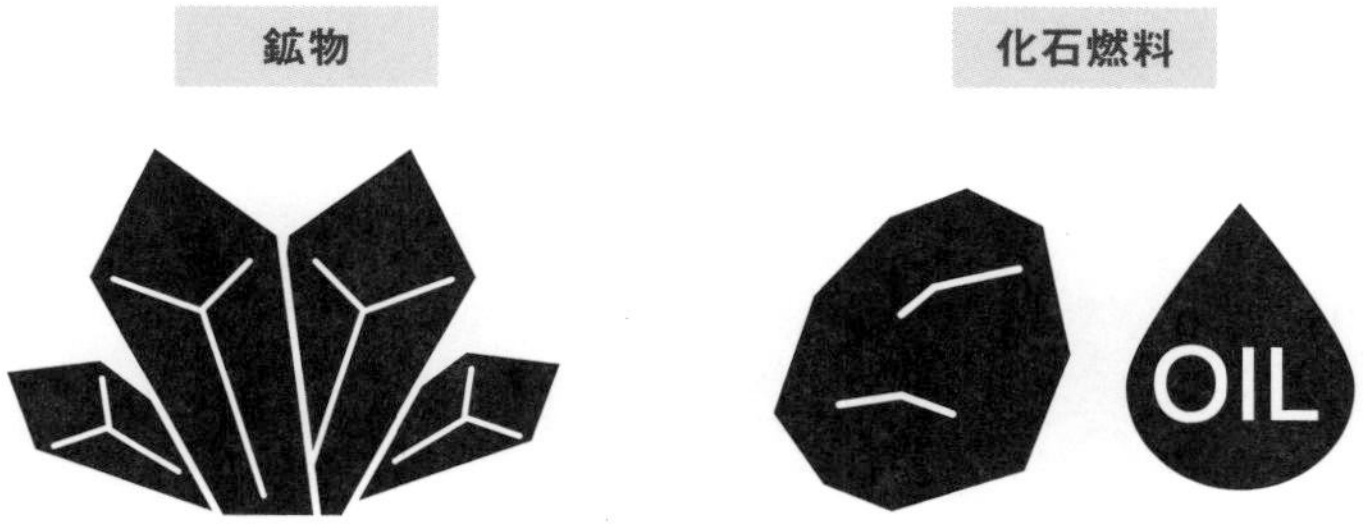
鉱物
化石燃料
OIL

日本でも石油がとれるって本当？

小規模油田が新潟、秋田などで稼働中

日本でも石油（原油）がとれるというと、驚かれる方も多いと思います。石油といわれてまず思い浮かぶのは中東地域。サウジアラビアやアラブ首長国連邦などで、実際に原油生産量では世界トップクラスです。これにくわえて、アメリカやカナダ、ロシアも原油産出国として知られています。

日本では、**新潟県、秋田県、北海道などに現役の油田・油ガス田があり、現在も原油の生産を続けています**。このうち、新潟県が特に生産量の多い地域ですが、これらはいずれも日本海側。太平洋側に少ないのには理由があります。

石油は海底に埋もれたプランクトンなどの生物の死骸が、地熱と地圧の働きで変化したものと考えられています。ところが太平洋側は水の出入りが激しく、死骸がうまい具合に分解されなかったのです。

２０００年代には年間約90万kLの生産量があった国産原油ですが、近年は約50万kLに落ち着いています。また、かつては国内消費量のうち相当な分を国産でまかなえていたのですが、経済発展に比例するように総消費量も増え、輸入に頼らざるを得なくなってしまいました。

相対的に国産割合は減り続け、**現在、国産の占める割合は０・３％とごくわずかな量に過ぎません**。

日本にも油田がある

国内の油田の多くが縮小・生産終了した半面、原油消費量が増えて輸入に頼るようになった。それでも、小規模ながら稼働を続けている油田もある。

現在稼働中の主な油田・ガス田
南長岡ガス田（新潟県）
岩船沖油ガス田（新潟県）
勇払油ガス田（北海道）
八橋油田（秋田県）

国内生産量は輸入量の１％にも満たない

原油の輸入先（2021年度）

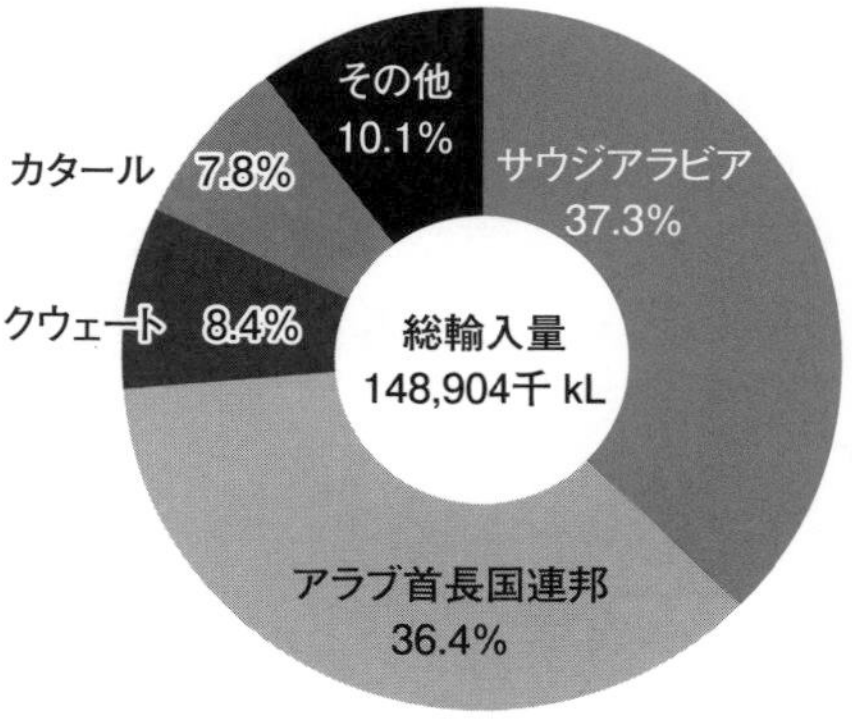
その他
10.1%
カタール 7.8%
サウジアラビア
37.3%
クウェート 8.4%
総輸入量
148,904千 kL
アラブ首長国連邦
36.4%

※経済産業省エネルギー庁「令和4年度エネルギーに関する年次報告」より

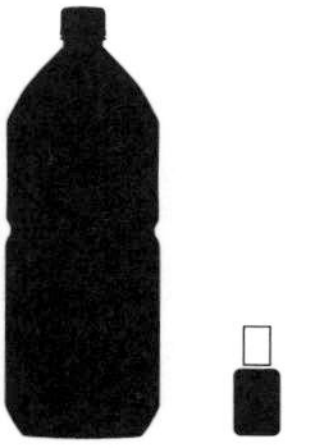

日本の原油輸入依存率は99.7%。輸入分を2リットルのペットボトルにたとえると、国産分はマニキュアなどのミニボトル、もしくは軽量スプーン1杯程度でしかない。

日本は原油のほとんどを海外からの輸入に頼っている。また、世界的に見ても中東への原油依存度が高く、全体の90%以上を占める。

Column 2

大相撲にモンゴル出身の力士が多いのはなぜ？

大相撲にはたくさんの外国人力士がいますが、特にモンゴル出身の力士が多いと思ったことはないでしょうか。グローバル化が進む大相撲において、力士の出身国は現在までに20カ国以上に及びます。そのなかでもモンゴル出身力士は多く、その活躍も際立っているといえるでしょう。ちなみに、2002年にモンゴル出身の朝青龍が初優勝を飾ってから、その後の約20年間でモンゴル勢は100回の優勝を数えています。なぜ、これほどまでにモンゴル出身の力士が強いのか。それは、モンゴルには日本の相撲とよく似た「ブフ」という格闘技があることに起因します。また、モンゴル出身の力士の強さの秘訣は、肉体的に優れていることだけではありません。言葉が通じない日本で厳しい稽古に耐え、横綱になって家族のためにお金を稼ぎたいという、強い意志やメンタルも持っているのです。

モンゴルでは、テレビ中継がなされるほど相撲の人気が高く、日本に行きたいという若者は大勢います。ただし入門制限があり、入門が叶うのは年間数人に過ぎません。このせまき門をくぐった数人は、心技とも選び抜かれたモンゴルでも指折りの若者たちです。

モンゴル人力士が強くなるのは当然かもしれませんね。

Chapter

3

文化と
歴史がわかる
「地理と経済の話」

国々にまつわるさまざまな文化や歴史。
それらも地理と経済から捉えることができます。
普段食べている食べ物なんかも、
実は知らなかった裏の事情が存在するのです。

ヨーロッパは異例の「農業が強い先進国」

土地に合わせた4種類の農業

先進国を中心に構成されていることもあり、工業や最先端技術が経済を主導しているイメージがあるEU。それは間違いではないのですが、農業も各地で盛んに行われています。

ヨーロッパでは、古くから二圃式《にほしき》農業が行われていました。土地をやせさせないよう耕地を二分し、一方で作物を育てているときはもう一方を休閑地にするというやり方です。これが三圃式農業を経て**地域特性に合わせた数々の農業方式**へと分化していきました。**フランスやドイツなど西ヨーロッパでは農産と畜産を混ぜた混合農業、農耕に不適なアルプス地方や北海沿岸地域などでは酪農や園芸農業、地中海沿岸では冬に小麦、夏にオリーブや柑橘類を栽培する地中海式農業が行われています。**

さらに全体的に生活水準が高いということが、ヨーロッパならではの強みでもあります。なぜなら、値段の高いブランド商品を受け入れる経済的基盤があることを意味するからです。伝統的な製法でつくられるワインやチーズなどが一例で、これらは輸出品としても人気があります。

農業が主産業の国は発展途上国のイメージがどうしても付きまといがち。ところがヨーロッパの国々では、先進国でありながら、それが主産業という国にも負けないくらい農業が盛んに行われているのです。

ヨーロッパの代表的農業

混合農業

作物栽培と畜産を同時に行い、穀物類と飼料用作物（トウモロコシなど）を輪作する方式。家畜の飼料を自給するのがポイント。

園芸農業

高度な技術で都市向けの野菜や果物、花卉《かき》（花の咲く草）、観葉植物を栽培する。オランダのチューリップが有名。

地中海式農業

地中海性気候の地域特有の農業。夏には乾燥に耐えるオリーブやブドウ、柑橘類を栽培し、雨が多く降る冬には小麦を中心に育てる。

酪農

かつて氷河の浸食を受けた北欧など冷涼な地域は、土地がやせているため酪農が発展した。デンマークで特に盛ん。

寒い国では酪農が発展する

穀物栽培に不向きな土地の農業

酪農は農業の一種で、乳牛を飼育してその乳を搾り、生乳を牛乳や各種乳製品に加工して販売します。ちなみに、生乳は搾乳したままの乳のこと。日本では食品衛生法により、加熱殺菌せずにこれを販売することは禁じられています。

ユーラシアが発祥とされる酪農ですが、近代化させたのはヨーロッパです。イギリスや北欧地域、高山地帯のスイスなどは冷涼な気候で知られています。**こうした国々は地表が氷河に覆われていた時代のなごりで、土地がやせて穀物栽培に不適という地理的特質を持っています。**そのため、酪農が主要農業として発展していったのです。

生乳は傷みやすく、保存が難しいのが欠点で、かつては生産地周辺で消費されるのが普通でした。ただ、それでは安定的なビジネスとしては成立しません。**そうした状況を変えたのが、技術発展と交通インフラの発達です。**

細菌の発生を防ぐため生乳を短時間で冷やす急速冷却装置や、長く鮮度を保つ真空パックが登場。そして高速道路網や大型コンテナ船など、遠隔地への速やかなアクセスを実現する交通インフラの整備により、一気に市場が広がりました。市場拡大は新たな競争を生みますが、ヨーロッパでは製品のブランド化を進めることでこれに対抗しています。

市場を拡大させたふたつの要素

交通インフラの発展と技術革新により生鮮食品の市場が広がった。

交通インフラの整備

モータリゼーションの発達や大型船などの利用により、長距離輸送が可能となった。

新たな保存技術の登場

急速冷却装置や真空パックの登場で、商品を新鮮なまま保存できるようになった。

酪農が盛んなヨーロッパの国

スイス

高い山と高原が広がる。暑い夏は冷涼な山のうえで放牧し、厳寒の冬は麓に下りて飼育する移牧を行っている。

イギリス

伝統的な酪農国。ジャージー島で純粋繁殖させた王室ご用達のジャージー牛は、風味に優れるだけでなく栄養価も高い。

日本でサーモンが親しまれている裏にはノルウェーの経済戦略があった

寿司ネタに最適の北欧産養殖魚

缶詰や冷凍食品でおなじみの、マルハニチロが２０２４年に行った回転寿司に関する実態調査によると、「回転寿司でよく食べるネタ」の第１位は13年連続で「サーモン」（50・６％）という結果になりました。

２位の「マグロ（赤身）」（36・３％）を大きく引き離す不動の１位。「たとえ１・５倍の価格に値上がりしても食べたいネタ」という問いでも１位を獲得しています。

今でこそ日本の寿司に欠かせないサーモンですが、実は食べられるようになったのはここ30年くらいのこと。しかも、広めたのはノルウェーということはご存知でしょうか。

ノルウェーは地形を活かしてサーモン養殖が盛んでしたが、国内市場が狭いため、海外市場を探していました。そこで注目したのが魚文化の日本。**ノルウェー政府は１９８６年、対日輸出振興策「プロジェクト・ジャパン」の一環として、養殖サーモンの積極的なセールスを行いました。**

元々日本にあった鮭は寄生虫のリスクから生食NG。一方、サーモンは正しくはアトランティックサーモンといい、寄生虫の心配がなく、新たな寿司ネタとして売り込もうと考えたのです。名前を生食がタブーの鮭ではなくサーモンとしたことが功を奏しました。

寿司ネタとして圧倒的な人気

よく食べる理由は「脂がのっていておいしいから」「炙りやオニオンのせなど種類が多いから」「ヘルシーだから」など。さらに「最初に食べる」「シメに食べる」ネタとしてもダントツの1位。

回転寿司でよく食べるネタ上位3種
1位　サーモン（50.6%）
2位　マグロ赤身（36.3%）
3位　ハマチ・ブリ（31.7%）

鮭とサーモンは違う？

鮭

天然の国産。生食NG

サーモン

養殖の外国産。生食OK

鮭の英名がサーモン。ただし、焼き魚のように加熱して食べるのは回遊魚の鮭で、回転寿司のサーモンはノルウェーのフィヨルドで養殖されたアトランティックサーモン。種類も生育環境も異なる。

フィヨルドって？

スカンジナビア半島によく見られる氷河の浸食が形成した独特の形状の湾や入り江。サーモンの養殖に適している。

普通は住みにくいとされる山の高地でも国が栄えることがある

意外に快適な熱帯の高地

南アメリカ大陸の西縁に沿うように走るアンデス山脈。北緯11度から南緯55度まで、8000㎞にわたって延びる長大な山脈で、接する国もベネズエラ、コロンビア、エクアドル、ペルー、ボリビア、アルゼンチン、チリの7カ国に及びます。この長大さにくわえて、構成する山々も最高峰アコンカグア（6960m）をはじめ、6000m級が当たり前というのですから、そのスケールは想像を絶するものがあるでしょう。

世界の首都を標高の高い順に並べてみると、1位から3位までが南米の国々になるのです。順にボリビアのラパス、エクアドルのキト、コロンビアのボゴタ。第1位のラパスは標高3640mと、富士山より高い場所にあります。いずれにしろ、このような高山地帯に人々が定住し、文明が発展するなどとは、普通は考えにくいもの。

しかし南米の山岳地帯には、いにしえのインカ帝国が存在した事実も。このように標高の高い場所に都市が発展するのは、南米がほぼ熱帯地域であることと関係があります。**熱帯は確かに暑いのですが、それは平野部の話。標高の高い場所はそれだけ気温が下がるため、かえって過ごしやすい気温になるのです**。南米の山岳地帯に国が栄えているのもそれが理由です。

山岳地帯に文明や国家が発展した

南米12カ国のうち7カ国が、南アフリカ大陸の背骨ともいわれるアンデス山脈に接している。そして山脈東側の赤道付近を流れるのが、流域面積世界第1位のアマゾン川。その周囲には広大な熱帯雨林が広がっている。

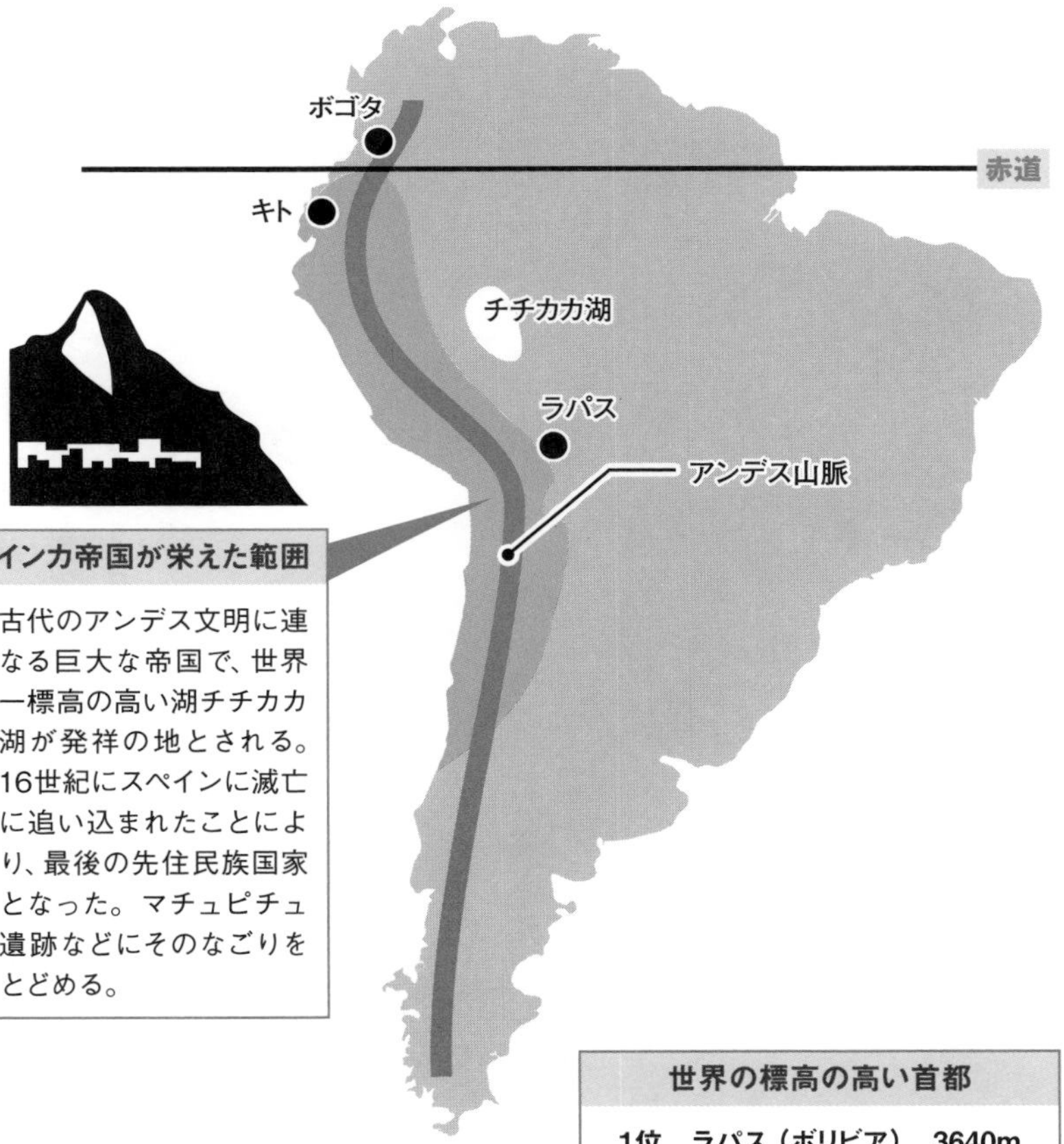

インカ帝国が栄えた範囲

古代のアンデス文明に連なる巨大な帝国で、世界一標高の高い湖チチカカ湖が発祥の地とされる。16世紀にスペインに滅亡に追い込まれたことにより、最後の先住民族国家となった。マチュピチュ遺跡などにそのなごりをとどめる。

世界の標高の高い首都

1位	ラパス（ボリビア）	3640m
2位	キト（エクアドル）	2850m
3位	ボゴタ（コロンビア）	2625m

美味しいお米の産地が日本海側に多いのはなぜ？

日本海側が常に寒いというのは間違い

米どころといえば新潟県。これに異論のある人は、まずいないのではないでしょうか。実際、2023年の新潟県の米の生産量は、国内第1位。ブランド米の筆頭ともいえるコシヒカリもまた、代表的な新潟米です。この新潟に次ぐのが広大な大地を有する北海道。以下は3位秋田県、4位山形県、5位宮城県と続きます。

このうち新潟は北陸地方で、3、4位の秋田と山形は東北地方の日本海側に位置します。実に、トップ5のうち、3県が日本海に面した場所にあるのです。

北日本の日本海側は、寒い場所のイメージがあります。平均気温の点からすると、必ずしも間違ってはいません。ですが、このあたりは**春から夏にかけて安定した日照が見込め、日射量もむしろ太平洋側より多い**ほどなのです。くわえて、**米づくりに最適な昼夜の寒暖差もあります。**

このような気候を生んでいるのが、内陸にある日本アルプスなどの高い山々です。夏場の、太平洋高気圧がもたらす季節風は、山脈を越えるときに湿気を失い、日本海側へは乾いた風が吹き下ろしてきます。いわゆるフェーン現象です。すると日本海側では気温が高くなり、同時に湿度が低くなります。さらに、空気が乾いているので夜は気温が下がり、昼夜の寒暖差が大きくなるのです。

フェーン現象が米づくりに与える影響

夏のフェーン現象が昼夜の寒暖差を生み、米の生育に好影響を与えるとされてきました。ところが温暖化による猛暑が続く近年、夜でも気温が下がらず、フェーン現象がもたらす異常高温と乾燥した空気が稲に悪影響を与える被害も出ています。

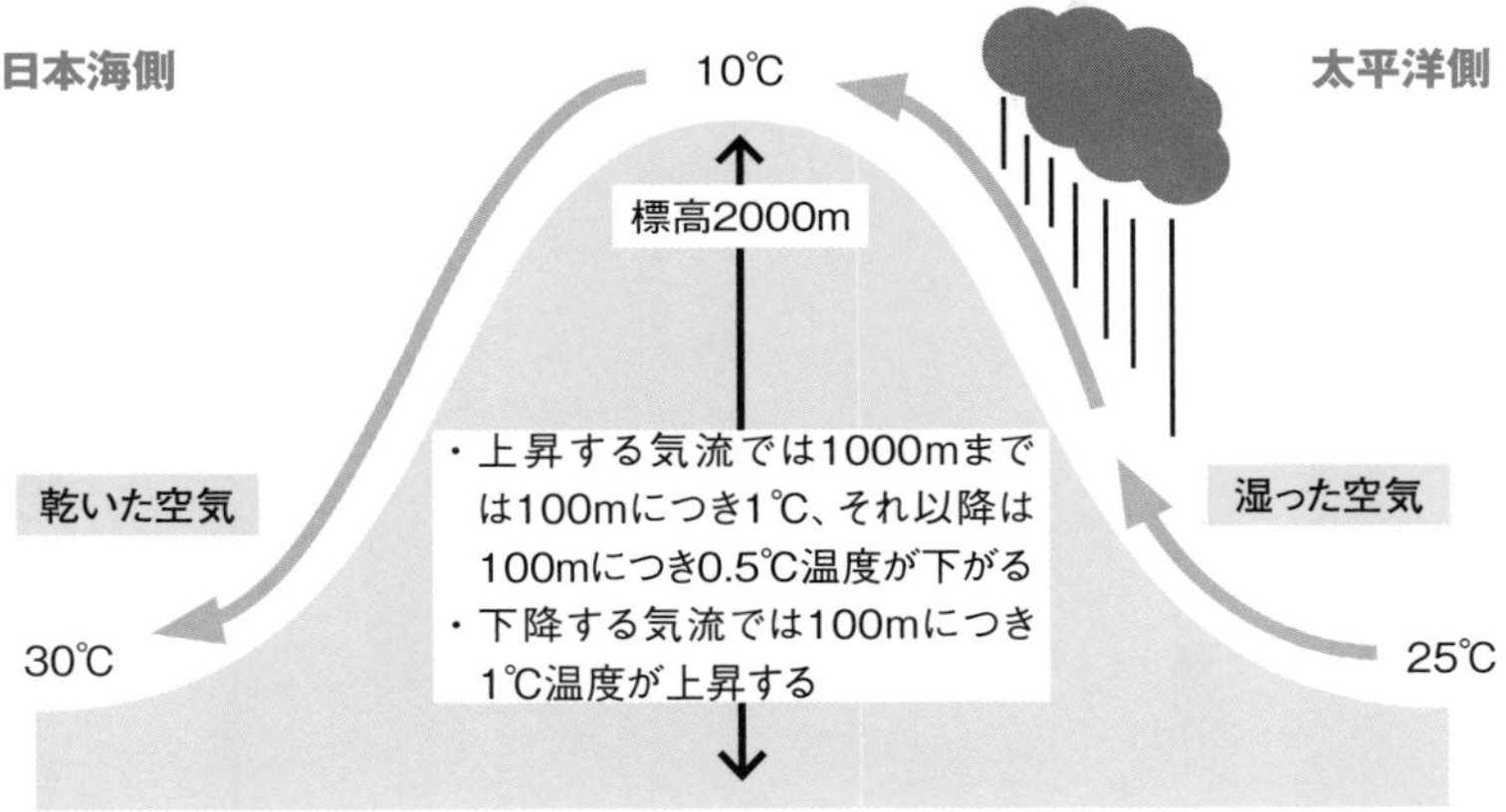
日本海側
10℃
太平洋側
標高2000m
乾いた空気
湿った空気
・上昇する気流では1000mまでは100mにつき1℃、それ以降は100mにつき0.5℃温度が下がる
・下降する気流では100mにつき1℃温度が上昇する
30℃
25℃

美味しい米をつくるための4つの条件

ミネラル豊富な大量の雪解け水や広い平野など、東北・北陸地方はこの4つをすべて満たしている。

良質な水が豊富にある

日本の米は水稲栽培が基本。良質な水が大量に必要。

昼夜の寒暖差が大きい

米が甘く美味しくなる。米の原産地インドのアッサム地方も同様の気候。

広くて平坦な土地

田んぼをつくりやすく、機械を入れられる土地だと、収穫量も増える。

水はけがよい土壌

新鮮な水を常に供給し続けるには、水はけのよい土が重要。

昆虫は山間部の貴重な栄養源だった

身近なタンパク源として重宝された

将来の食料危機を克服する手段として、近年、昆虫食がにわかに脚光を浴びるようになってきました。新しいビジネスモデルとしても注目され、すでに多くのベンチャーが参入しているようですが、昆虫を食べる行為は今にはじまったことではありません。地域によっては伝統的な食として、文化の一部に組み込まれていますし、**現在も世界中で2000種類以上の昆虫が食べられている**といわれています。

日本の場合、最もなじみが深い昆虫食はイナゴの佃煮ではないでしょうか。これなら食べたことがある、という人も多いはず。長野県南部の伊那谷が特に有名で、同地ではほかに蜂の子、カイコ、ザザムシなどを食べる習慣があったようです。

長野県以外では、山梨県、山形県も数種類の昆虫を食べていたようです。**特に山間部では、海産物を容易に得られないこともあり、身近で目にする虫をタンパク源とする習慣が育まれた**のでしょう。

昆虫食は日本以外でも、世界各地で見られます。タイやベトナムではタガメやガムシといった水生昆虫が屋台で売られていますし、中国ではアリやハエ、サソリも食用にします。ただ食べるだけではなく、昆虫を薬膳や漢方に用いることも多いようです。

食べるならどっち？

イナゴ

日本の昆虫食の代表がイナゴ。佃煮にして食べることが多い。一部地域では、戦中戦後の食糧難のなかで貴重な栄養源となった。

サソリ

サソリは中国では食用のほか、漢方の原料としても用いられる。食べ方としては素揚げにするのが一般的。

昆虫食の４つの魅力

食料危機を救う

世界の人口は増え続けている。特に途上国で顕著で、そうなると食料確保の問題が出てくる。そんなとき、肉・魚・豆類以外のタンパク源として昆虫が候補となる。

環境にやさしい

温暖化を進める温室効果ガス（メタン）として「牛のげっぷ」が問題になったように、家畜は環境への負荷が大きい。その点、昆虫はメタンを出さず、廃棄する部位も少ない。

栄養価が高い

重さあたりのタンパク質量が、牛に匹敵するほど豊富。さらに、LDLコレステロールを下げる不飽和脂肪酸やビタミンB群のほか、多くのミネラルも含んでいる。

ビジネスに参入しやすい

ビジネスをはじめるときの最大の参入障壁はスタート時のコスト。昆虫食ビジネスは畜産や農業などと違い、大がかりな設備を必要としないため、初期投資が少なくて済む。

サクランボ王国・山形県 ほかの県にはない強みって何？

サクランボは雨が苦手

サクランボといえばやはり山形県。生産量全国1位で、2位の北海道を10倍近く引き離しているばかりでなく、全体の75%を占めています。まさにサクランボ王国といっていいでしょう。もちろん、これには理由があります。

サクランボは雨をきらいます。**実が大きくなって色づきはじめるころ、雨の日が続くと実割れして商品価値を失ってしまう**のです。実割れが起こるのは、水が必要以上に実に入り込んでしまうため。**その点山形県は、梅雨の時期でも雨が少なく、サクランボの生育にはかなり適しています。**

「佐藤錦」は、そんな山形県が誇るサクランボの代表品種。１９２２（大正11）年に、東根市の佐藤栄助氏が「黄玉」と「ナポレオン」という既存の2種を交配してつくり出しました。品種名は、生みの親の名前「佐藤」と、「砂糖」のような甘さをかけたものです。

佐藤錦は甘みと酸味のバランスのよいことで知られ、サクランボ王国・山形県の栽培面積の70%を占めるほどの人気を誇っています。そんな佐藤錦ですが、皮が薄くて糖度が高いという特徴がある故に、傷みが早いという弱点もあります。果物の歴史は品種改良とともにあり、現在ではそうした弱点を克服する新しい品種の開発も進んでいます。

サクランボ王国・山形県

サクランボ市場の大半、生産量の75%を占めるのが山形県。品種は数のうえでは「佐藤錦」が圧倒的だが、ほかにも「紅秀峰」「紅さやか」などさまざまな品種が生産されている。

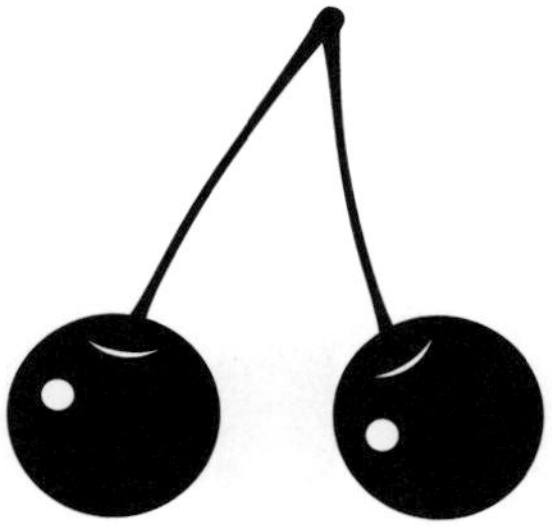

2021年サクランボの生産量ランキング		
1位	山形県	13000t
2位	北海道	1310t
3位	山梨県	974t

交配によって生まれた「佐藤錦」

実が黄色い「黄玉」とヨーロッパで古くから栽培されている「ナポレオン」。山形県東根市の佐藤栄助氏がこれら2品種の交配を試み、15年の歳月をかけて「佐藤錦」の育成に成功した。

黄玉

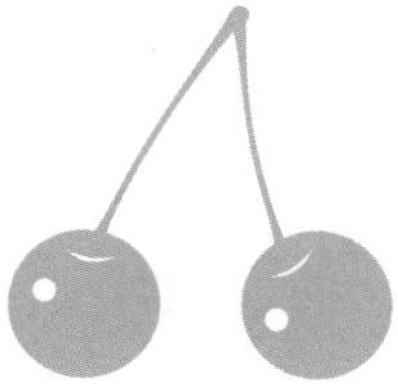

酸味が少なく甘さに優れている。日持ちせず、育てるのは難しい。

＋

ナポレオン

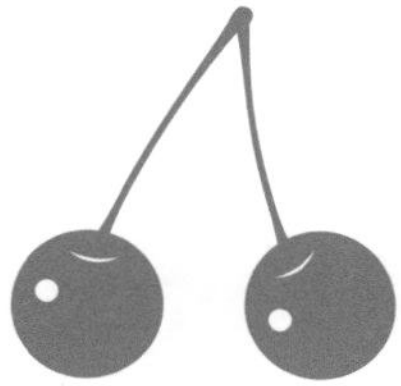

酸味が少し強いが、果肉が固く、日持ちする。

東京の下町に問屋街が集まっている理由

交通の便がよかったため

東京下町の、東は隅田川から西は神田あたりまで、南は日本橋に発して北は浅草に至るきわめてせまい地域に、問屋街が集中しているのをご存じでしょうか。

たとえば、水天宮に近い日本橋蛎殻《かきがら》町には穀類や醤油、日本橋小網町は酒・醤油・雑貨を扱う問屋がたくさん集まっています。またその北側、日本橋小舟町には油商や砂糖問屋が、小舟町と隣り合う日本橋堀留町には織物問屋が多く店をかまえています。ほかにも、JR総武本線沿いに連なる小伝馬町と馬喰町は、主に雑貨類の問屋街です。

江戸時代は、同じ職業に就く商人や職人が一カ所に集住することが珍しくありませんでした。同じ商品を取り扱う問屋が今なお近くに軒を並べているのは、そのなごりです。ではなぜ、集住の場として現在の地が選ばれたのでしょう。理由のひとつに、水運が発達していたことがあります。当時の江戸は、東洋のベニスにたとえられる水路の街でした。今のように**自動車や電車がない代わりに、隅田川に注ぐ細い堀割（水路）を舟で移動して物を運んでいた**のです。下町のこの地域にも数多くの堀割が走っており、**商人たちは舟を使って商品をあちらこちらへ運んでいました**。やはり商いをするには、交通の便が大切ということでしょう。

日本橋周辺の問屋街の分布

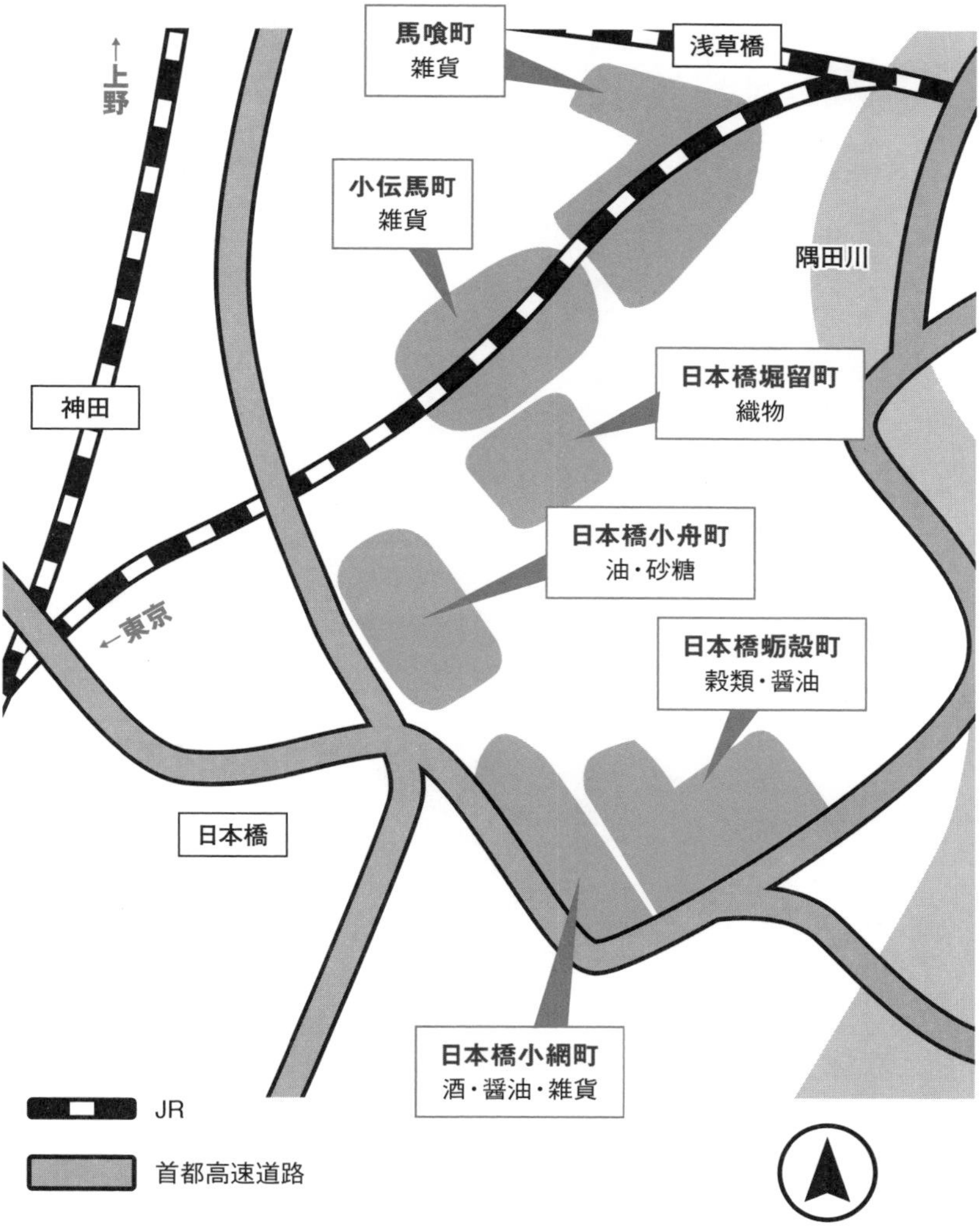
↑上野
馬喰町
雑貨
浅草橋
小伝馬町
雑貨
隅田川
日本橋堀留町
織物
神田
日本橋小舟町
油・砂糖
←東京
日本橋蛎殻町
穀類・醤油
日本橋
日本橋小網町
酒・醤油・雑貨
JR
首都高速道路

ホンビノス貝は邪魔者から名産品にまでのぼりつめた

江戸前のニューフェイス

近年になってスーパーでよく見かけるようになったホンビノス貝。東京湾で獲れた魚介類を「江戸前」といいますが、まさに江戸前の新名物として脚光を浴びています。

本来は北米産で、日本の在来種ではありません。20年ほど前から、東京湾で見かけるようになりました。貨物船に付着してきたとか、船の重り代わりに使われるバラスト水に紛れ込んできたとか、輸入業者が売れ残りを放流したとか諸説ありますが実際のところは不明。そんなホンビノス貝は、当初は邪魔者扱いされていましたが、間もなく重要な海産物として認められるようになりました。

それどころか、アサリの漁獲量が減って困っていた船橋漁協では救世主扱い。ついに2017年、**「三番瀬産ホンビノス貝」が千葉ブランド水産物に認定されました。**外来種ということで、アサリやハマグリなど在来種への影響が気になるところですが、今のところ棲み分けもできており、問題は生じていないようです。

ホンビノス貝はアサリよりやや大きいものから、ハマグリと同程度のものまで多様なサイズがあります。それを大きさに応じてさまざまな食べ方で楽しむことができます。本場アメリカにならったクラムチャウダーのほか、浜焼きや酒蒸し、お吸い物もおすすめです。

ホンビノス貝ってどんな貝？

特徴

① 北米産の外来種で世界に分布
② アサリよりやや大きいものから、ハマグリと同程度のサイズまで
③ ハマグリに似ているが左右非対称
④ 繁殖力が強く、生息域が広い
⑤ 20年くらい前から東京湾に棲みついている
⑥ 在来種の生態系への影響は未確認

ホンビノス貝の美味しい食べ方

アサリやハマグリと同じ食べ方ができる。成長が遅く大きさにより名前（英名）が変わる出世貝で、大きさによって異なる食感が楽しめるのもポイント。

北米ではクラムチャウダーにホンビノス貝を使う。アサリより大きいので、食べごたえがある。

ハマグリ同様に、浜焼き（バーベキュー）も定番。サイズに応じて酒蒸しやバター蒸しにしても美味しい。

千葉県の土がやわらかいおかげで名産品が生まれている

豆類には珍しく地中に実をつける

落花生には南京豆という呼び名もあります。「南京〜」は中国由来を意味する言い方で、落花生も江戸時代に中国から伝わってきました。原産地は南アメリカのアンデス地方です。日本では明治初期に、政府の推奨により本格的な栽培がはじまりました。

２０２０年の生産量第1位の都道府県は千葉県で、実に生産量の80％以上を占めています。千葉県には、昭和になって優良品種の開発に成功し、全国へ普及させていった歴史もあるので、それも決して不思議なことではありません。ただ、そもそも千葉県で落花生の生産が隆盛をきわめた背景として、もうひとつ見逃せない要因があります。それは地理的条件です。

大豆をはじめとした豆類は地上に実をつける種類が多いのですが、**落花生は例外的に地中に実をつけます。**花が咲いたあと、子房柄という部位が伸びていって地面に刺さり、その先が膨らんで実になるのです。落花生の名もそこから来ています。

この場合、土がやわらかいほうが子房柄が地面に突き刺さりやすいのは、いうまでもありません。**千葉県を含む関東地域は、関東ローム層という火山灰起源のやわらかい土壌が広がっています。これが落花生の栽培に適している**というわけです。

落花生が実をつけるまで

花がしぼむと、子房柄という部位が地面に向かって伸びる。

子房柄が地面に突き刺さって、先端が膨らみはじめる。

膨らんだ子房柄の先端が土のなかで成長して実をつける。

落花生の生産量日本一は千葉県八街市

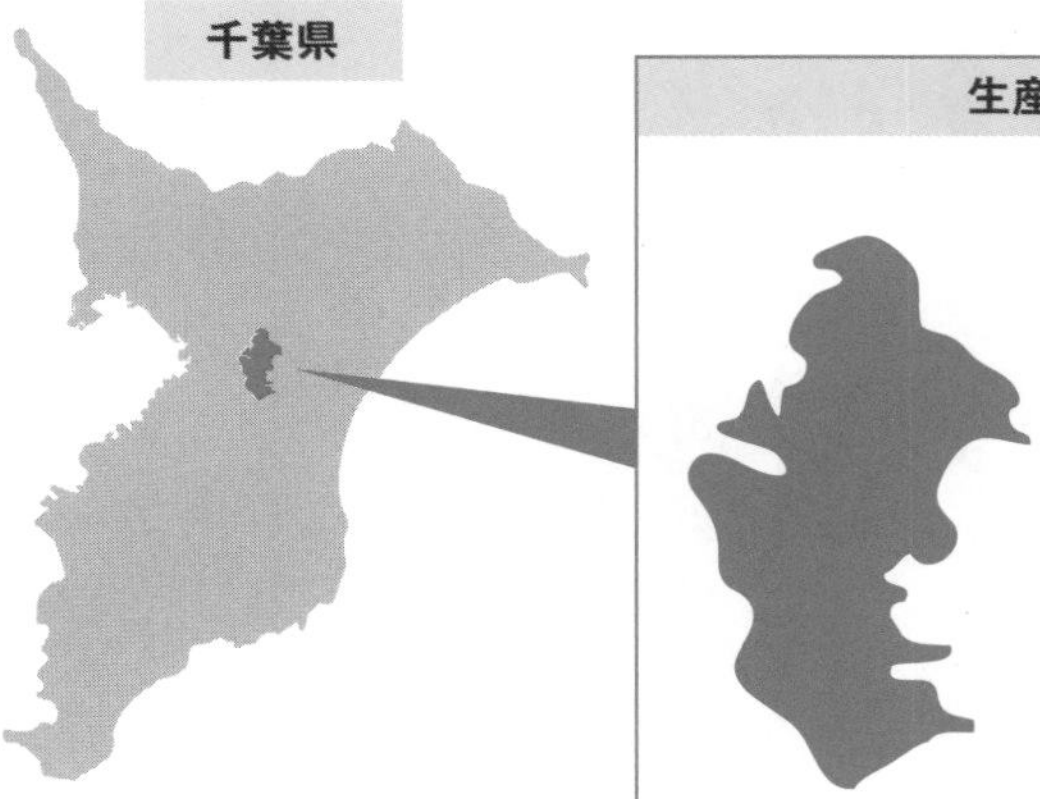

生産量日本一

八街市

落花生の生育に都合のよい関東ローム層に覆われた千葉県が、国内の落花生生産量の80%以上を占めている。そのうち最大量を生産しているのが八街市。収穫期になると、「ぼっち」という落花生を乾燥させるために積み上げた塊が畑に並ぶ。

醤油はもともと関西の文化だった

寛政の改革で江戸が本場に

江戸時代、江戸では上方（関西）から入ってくるものを「下り物」、関東周辺から入ってくるものを「地廻り物」と呼んでいました。江戸中期までは下り物のほうが質がよく、今では**関東の味の代表といっていい醤油も、昔は関西で醸造したものを船を使って取り寄せていました。**

転機となったのは松平定信の老中就任です。定信は「万事、地廻り物より下り物のほうが秀でている」という状況を憂えていました。そこで寛政の改革の一環として、地廻り物の品質向上を打ち出したのです。醤油もその対象のひとつでした。

関東の醤油づくりは、江戸初期より、現在の千葉県の野田などで行われていました。江戸に移り住んだ関西の漁民から、醸造技術を伝えられたといわれています。**野田で醤油づくりが定着したのは、立地条件にあります。利根川と江戸川に挟まれており、原料となる大豆などの調達や物流に水運を利用できて便利だったのです。**

長く関西の後塵を拝していた江戸の醤油づくりですが、寛政の改革が追い風となり、やがて上方を追い抜くに至りました。その後も生産量を増やし、野田の醤油は全国的なブランドとなっていきます。野田に本拠を置く大手メーカーのキッコーマンも、当地の醸造業者たちが集まってできた会社が前身です。

野田の恵まれた立地条件

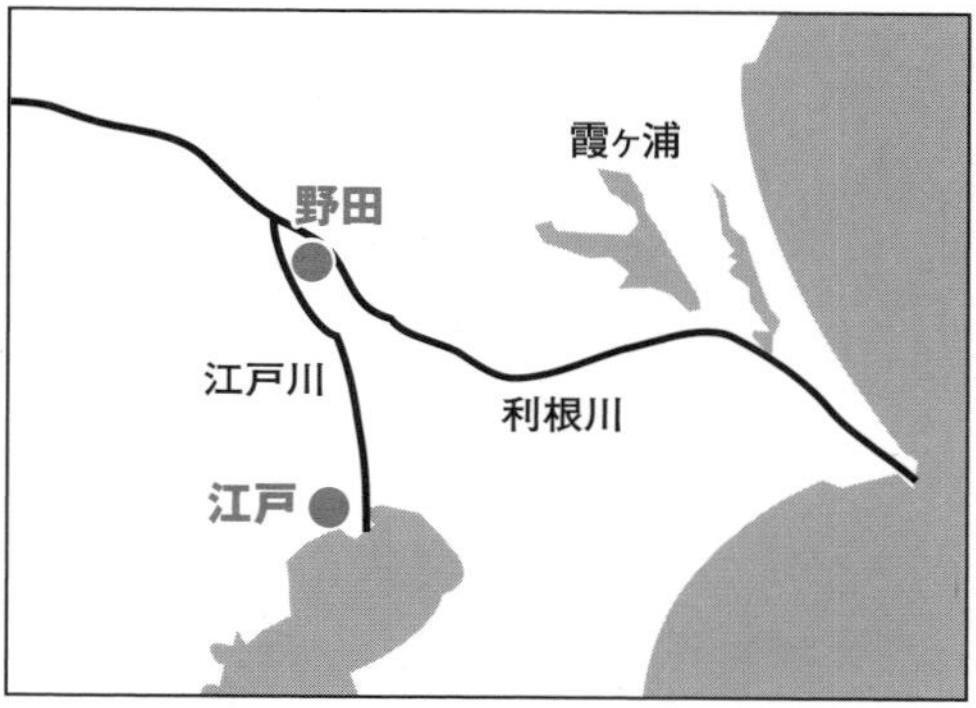

野田は川に挟まれた土地。利根川を使って、醤油の原料となる大豆や塩、小麦を効率的に調達することができた。また、江戸川を使って、江戸まで半日で製品を送ることも可能だった。

薄口醤油から濃口醤油へ

18世紀末の寛政の改革の成果もあって、19世紀初頭の文化・文政期には、江戸では下り醤油（薄口醤油）に代わって地廻り醤油（濃口醤油）が主流になる。そして蕎麦つゆや寿司のつけ醤油、佃煮などに使われ、今につながる江戸の味のベースとなっていった。

静岡のお茶は失業対策で発展した

勝海舟の進言からはじまった

日本にお茶の文化が伝わったのは、鎌倉時代といわれています。静岡県に伝わったのも同じころ。温暖な気候がお茶づくりに適していたことから、国内でも屈指のお茶どころのひとつになっていきました。

とはいえ、現在のように静岡県がお茶の生産量で日本一となったのは明治時代になってから。江戸時代までは、お茶といえば宇治だといわれていました。将軍が口にするお茶も多くは宇治茶。御用茶を茶壺に入れて江戸に上納するお茶壺道中を、時代劇ドラマで見たことがある人もいるかもしれません。

明治時代に静岡県でお茶の生産が一気に拡大した背景には、失業対策があります。明治維新を迎え、徳川家は駿河・遠江・陸奥を領地とする一大名となりました。その際、最後の将軍・徳川慶喜と旧幕臣たちは静岡に移り住むことになります。そこで問題となったのが仕事でした。

手に職を持たない武士が、泰平の世で何を生業とすればよいのか。そこで、江戸城無血開城の立役者となった**旧幕臣・勝海舟の進言により、武士の手による茶の栽培がはじまりました。**のちに日本1位の製茶地帯となる牧之原台地も、この時期に開拓されたもの。以後、生産量を増やした静岡は、温暖な気候の助けもあって、日本一の茶の生産地となっていったのです。

明治中期にお茶の生産量日本一に

静岡県は、明治時代の中期に日本一の生産量を誇るようになった。現在も全国の緑茶出荷量の約60%を占めている。

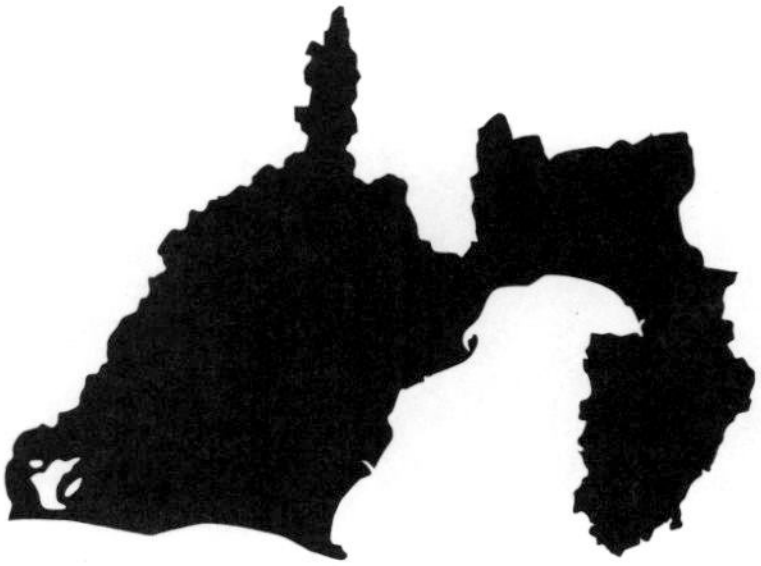

もともと亜熱帯性植物であるお茶は寒さが苦手で、温暖多雨の気候を好む。四季を通じて温暖で、雨が比較的多い静岡がお茶の栽培に適しているのはそのため。

武士が生活のため刀を鍬に持ち替えた

徳川家について静岡に移り住んだ武士たちは、刀を捨てて、お茶の栽培を生業として生きていくことになった。同時に、県内各所に新たな茶畑が開拓され、生産量も一気に増大した。

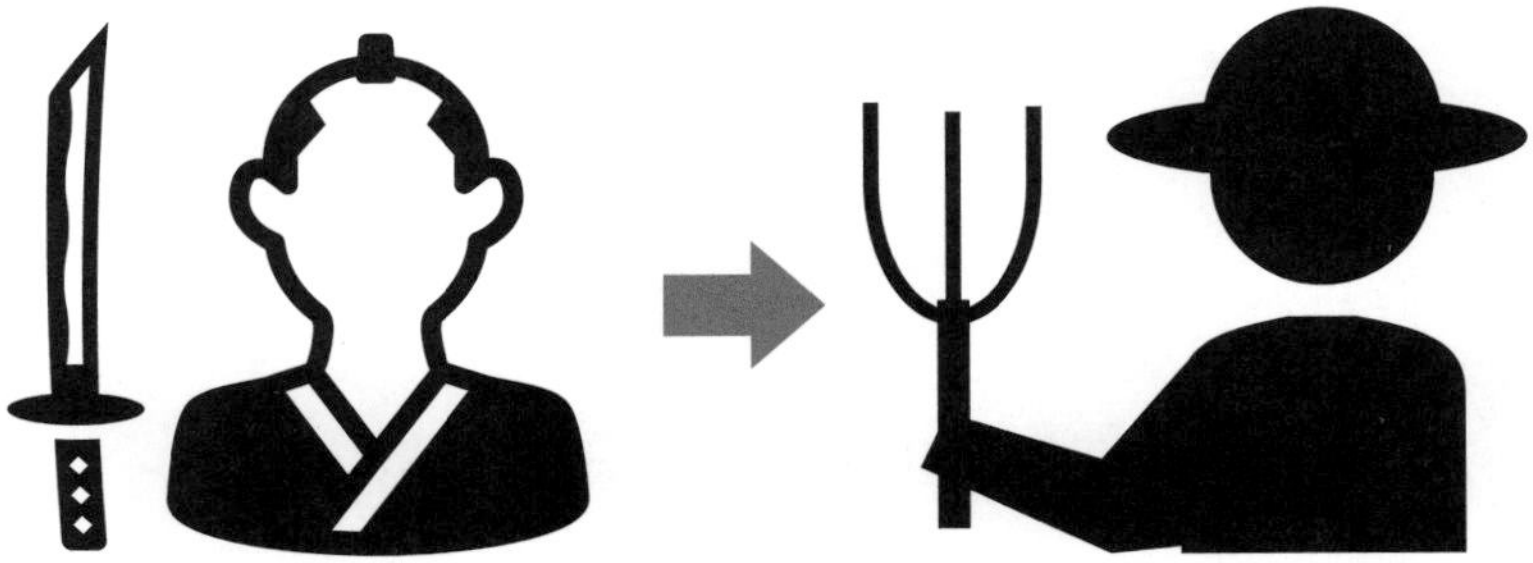

自動車産業ってなぜ愛知県で発展したの？

先を見すえて立地条件にこだわった

経済産業省による「経済構造実態調査（製造業事業所調査）」の製造品出荷額2022年版を見てみると、愛知県が他を圧したダントツの1位になっています。

自動車や船舶といった輸送用機械を製造する企業の多い地域がランキングの上位となっていますが、とりわけ愛知県は自動車産業が集中していることで知られています。自治体の名前にもなっている、日本を代表する一大自動車メーカー「トヨタ自動車」と、その関連企業が愛知の製造品出荷額を大きく押し上げているのです。

トヨタの前身は、1926年に同県刈谷町（現・刈谷市）にできた豊田自動織機製作所。最初は自動車メーカーではなく、織機を製作する会社でした。それが1933年に自動車部を設け、**やがて本格的な自動車生産のための工場用地を探しはじめるように。そこで白羽の矢が立ったのが挙母町（現・豊田市）です。広い土地と、交通の便に優れたこの地に工場が立ったのは1937年のこと。**

戦後、モータリゼーションの急速な発達に合わせるように、トヨタの事業も拡大の一途をたどります。組み立て工場や部品工場など関連する企業・工場が集まって、挙母町あらため豊田市は、世界的にも指折りの自動車産業の一大集積地となっていきました。

自動車産業が集まる"日本のデトロイト"

自動車の街として知られるアメリカのデトロイトにちなみ、「日本のデトロイト」とも称される豊田市。世界的メーカーのトヨタと多くの自動車関連企業が集積し、工業製品出荷額でも日本一の都市となった。

2022年工業統計・製造品出荷額ランキング		
1位	愛知県	478946（億円）
2位	大阪府	186058
3位	神奈川県	173752

縁起をかついだ命名

創業者である豊田喜一郎氏の名は、本来「トヨダ」で十画だが、「トヨタ」だと八画になる。「八」は末広がりで縁起がよいとされるので、社名はあえてこちらを選んだ。

豊田自動織機製作所の自動車部が分離独立して、1937年に「トヨタ自動車工業」設立。日本はもちろん、世界のトップメーカーにのぼりつめた。

夏に涼しい長野県はレタスでひとり勝ち状態

日本一標高が高い長野

夏でも冷涼な標高1000m前後の高原で栽培される野菜類を、高原野菜といいます。レタス、ハクサイ、キャベツ、ブロッコリー、セロリなど。並べてみれば確かに、夏の野菜コーナーを彩るおなじみのラインナップです。

このひとつであるレタスの、生産量日本一なのが長野県。なにしろ、**長野県は平均標高は1000m超で、日本一高い都道府県**なのです。**夏の高原は気温15～20℃**と、猛暑の都会から避暑に訪れた人々にはむしろ涼しいくらい。**これはレタスの生育に適した温度帯であり、長野県が最良のレタス生産地でもある所以です。**

涼しい高原地帯という立地だけでなく、交通の便のよさも、物流を考えたときに大きなアドバンテージとなります。長野県には中央自動車道が通っているので、東は東京、西は名古屋という大都市圏にも、新鮮なレタスを届けることができるのです。

最近は、LEDなどの人工光を用い、屋内で野菜を生産する植物工場に注目が集まっています。自然環境のなかでの野菜づくりはどうしても気候や天候、病虫害の影響を受けざるを得ません。一方、植物工場にはそういった心配がないことから、安定供給の面で期待されています。レタス王国の長野県にとっても、手強いライバル登場といったところかもしれません。

2019年、都道府県別レタス生産量シェア

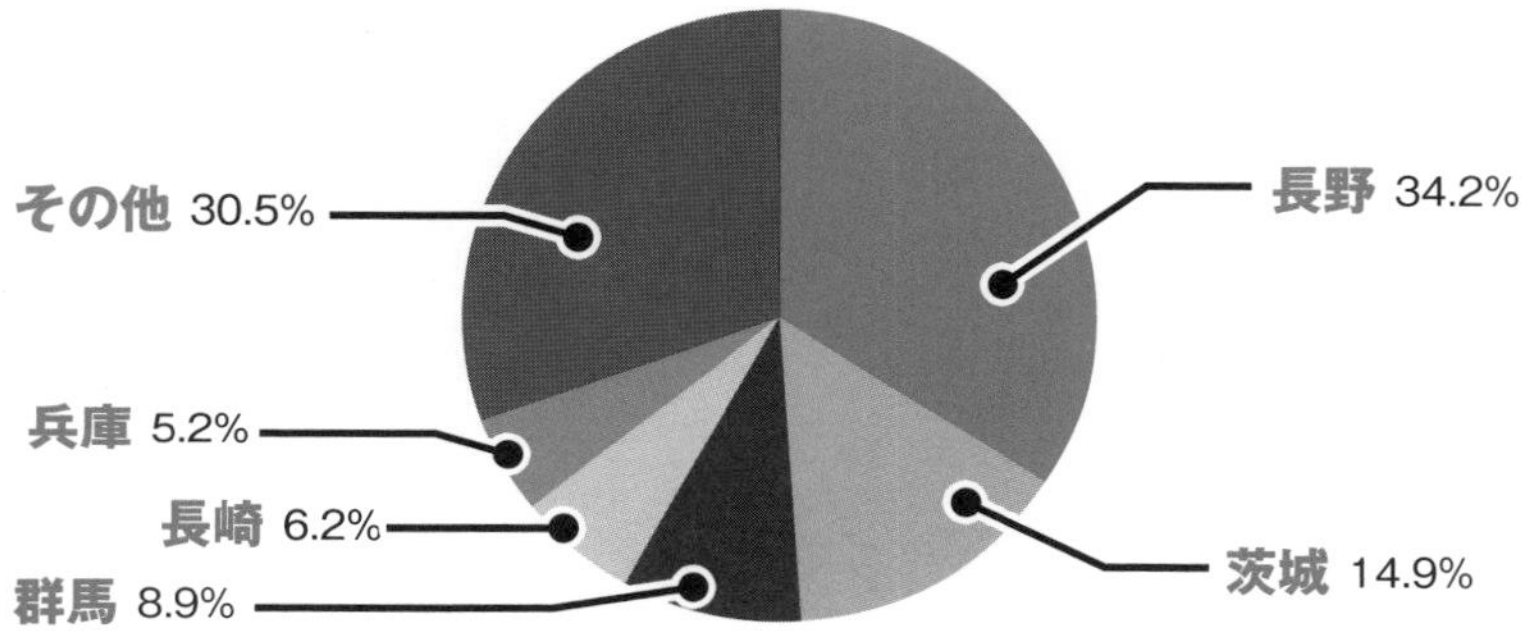
長野 34.2%
茨城 14.9%
群馬 8.9%
長崎 6.2%
兵庫 5.2%
その他 30.5%

東京や名古屋への出荷に有利な場所

レタスは鮮度が重要。長野県の場合、中央自動車道を使って、一大消費地である首都圏や名古屋圏に新鮮なレタスを送り出すことができる。

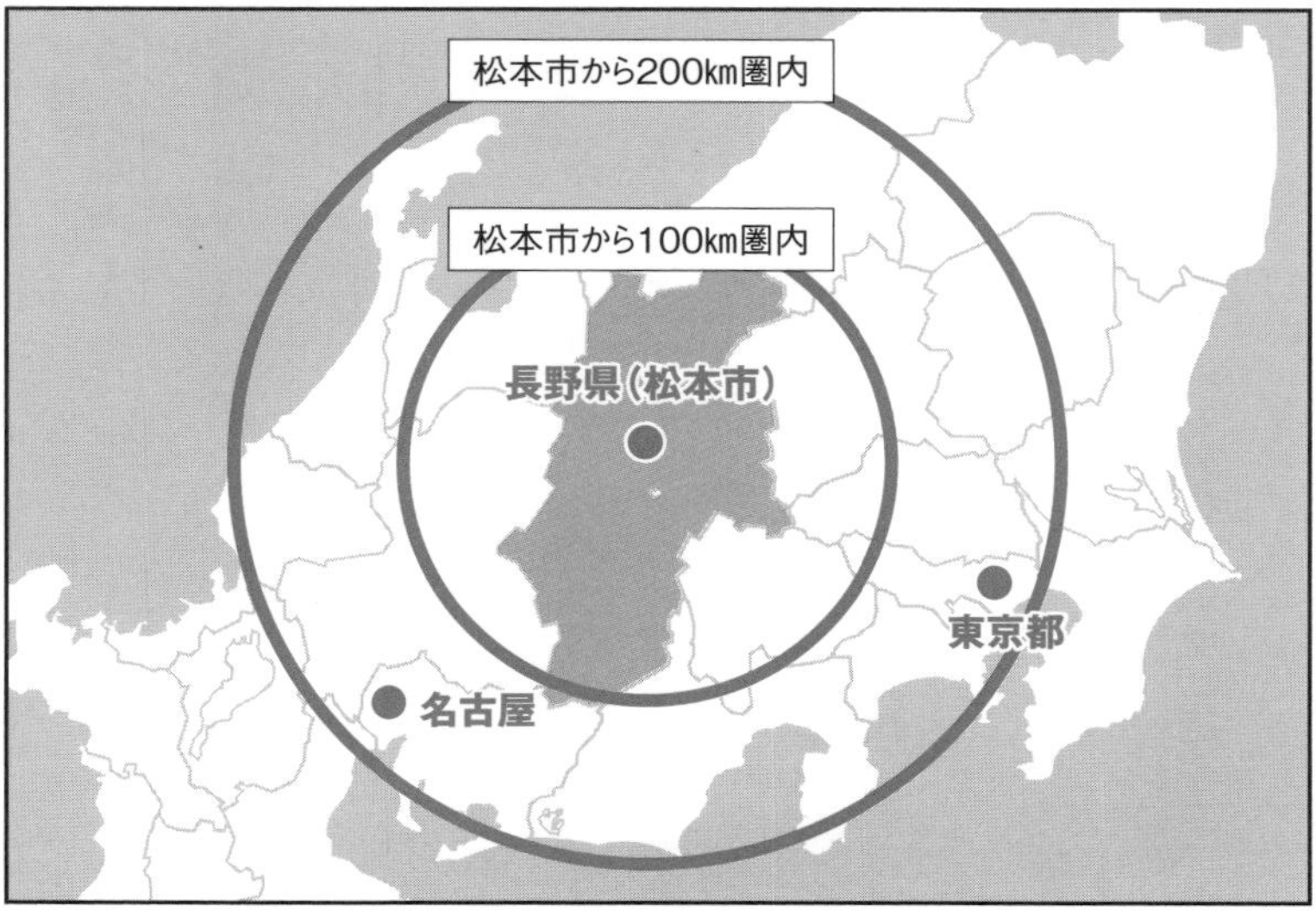
松本市から200km圏内
松本市から100km圏内
長野県（松本市）
東京都
名古屋

漁業のイメージが薄い広島県でカキが有名なのはなぜ?

広島湾の環境はカキ養殖に最適

　農林水産省が調査を行った2022年「漁業・養殖業生産統計」のうち、海面養殖業の部・かき類の収穫量で1位となった広島県。2位の宮城県を4倍近く引き離しただけでなく、全国の収穫量の約60%を占め、カキの本場として面目をたもっています。

　カキにもさまざまな種類がありますが、世界中で食べられ、日本の食卓でもおなじみのカキはマガキを指します。養殖が基本でいくつかのやり方があるなか、主流となっているのが筏《いかだ》式垂下法です。養殖場として使われる場所にイカダを浮かべ、ホタテの貝がらを吊して海中に投じ、そこに付着するカキの幼生（赤ちゃん）を育てます。

　幼生が海をただよい、やがて岩などの固着物に付着して成長する性質を利用するわけですが、養殖を成功させるためには環境が大事です。**広島湾はその点、面積の小さい閉鎖性海域のため波が穏やかでイカダの設置も容易。同時に適度な潮の流れもあって、それがカキの幼生の捕捉にプラスに働いています。**

　同時に、海域の容積あたりの河川からの流入水量が多いことも見逃せません。それにより**中国山地から森や川の栄養分が流れ込んで、カキの生育によい影響をもたらしている**と考えられています。

いつの時代もカキの本場といえば広島

現在もカキの最大養殖地の広島だが、広島湾でカキの養殖がはじまったのは室町時代。穏やかな海域と森や川がもたらす栄養が当時からカキの生育に適していたのだろう。

2022年養殖殖業生産統計 収穫量ランキング（かき類）		
1位	広島県	96816t
2位	宮城県	25708t
3位	岡山県	14724t

カキ養殖の主流「筏式垂下法」

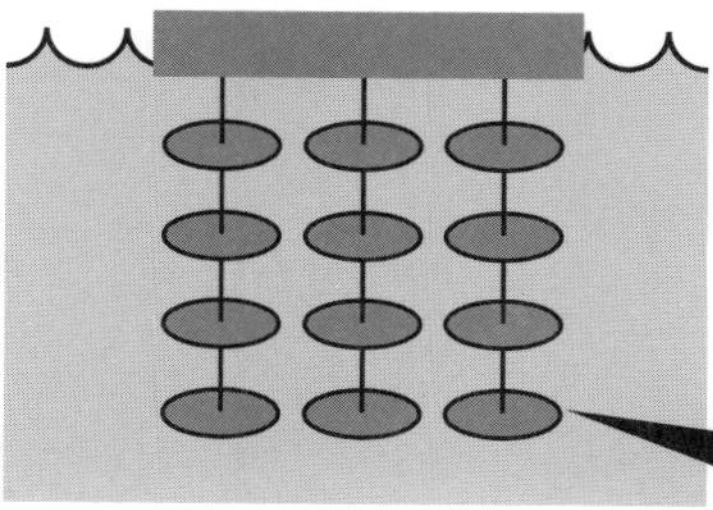

貝がらに付着したカキの幼生は、抵抗力をつけさせたり、身がよく入るよう成長をコントロールしたりしながら育成する。幼生を集めてから収穫まで1～2年かかる。

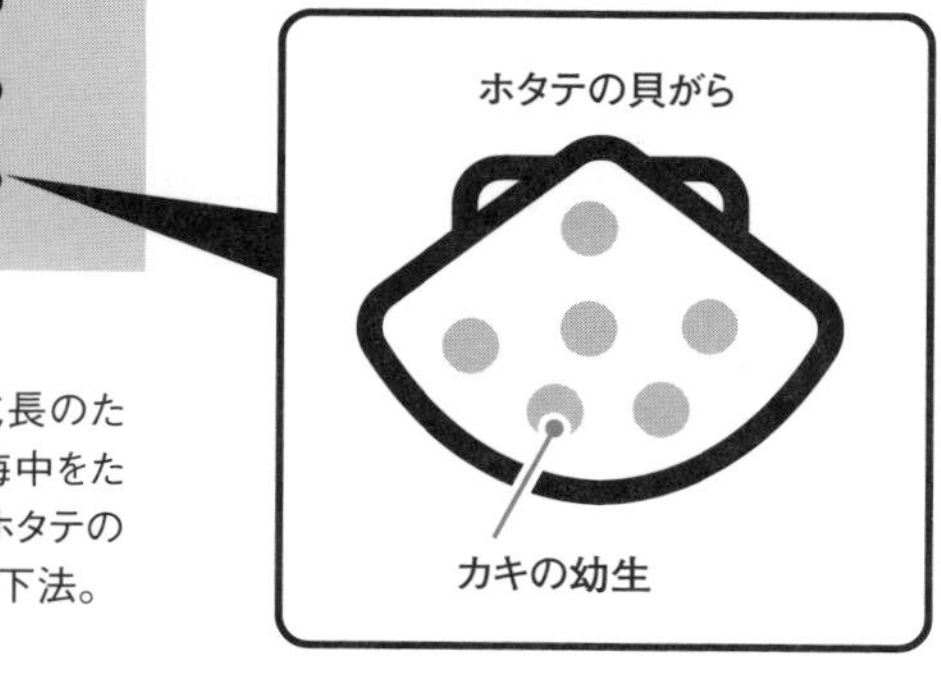

夏に孵《ふ》化《か》したカキの幼生は、成長のため、付着する対象物を求めて海中をただよう。そのタイミングを狙ってホタテの貝がらに付着させるのが筏式垂下法。

サラブレッドが経済を支えている地域

日高には幕末から馬の牧場があった

日本の軽種馬の約8割は、北海道の日高地方で生産されています。軽種馬は馬の分類のひとつ。主に競走馬や乗馬として用いられます。おなじみのサラブレッドもこの一種で、日高がサラブレッド王国といわれるのはそのためです。日高に最初に馬の牧場ができたのは１８５８年のこと。元浦河（現・浦河町）に徳川幕府が設置しました。その後新政府のもと、１８７２年に新冠牧場（現・家畜改良センター新冠牧場）が誕生。脱走馬が野生化し、農作物を荒らして困ると陳情があり、開拓使長官・黒田清隆が中心となって開設したとされています。７万haの広大な土地に、野生馬２２００頭あまりが収容されました。**当時の馬は在来種で小型のものが多く、欧米の馬に大きく見劣りするのが実状でした。**そこで、明治政府の肝いりで馬の改良が進められることになります。

その一環として、１９０７年に浦河町に日高牧場を開設して洋種馬を導入。積極的なサラブレッドの育成がはじまったのです。日高がサラブレッドの主要産地として注目されはじめたのは戦後、日本中央競馬会（ＪＲＡ）ができて競馬ブームが起こってから。北海道の広大な大地と古くからの育成ノウハウがものをいった結果です。

軽種馬の産地として発展した日高

日高の軽種馬生産年表

1858年（安政5年）
元浦河に幕府が牧場を開設。日高で馬の生産がはじまる。

1872年（明治5年）
黒田清隆が野生馬を収容するため新冠牧場を開設。

1907年（明治40年）
日高牧場を新設、洋種馬を導入して馬の改良がはじまる。

1954年（昭和29年）
JRA設立。競馬ブームが起こって日高が主要馬産地となる。

第二次世界大戦後、都市化が進んで北海道以外の馬産地の経営が困難になり、相対的に日高地方の地位が上がった。

軽種馬の産地

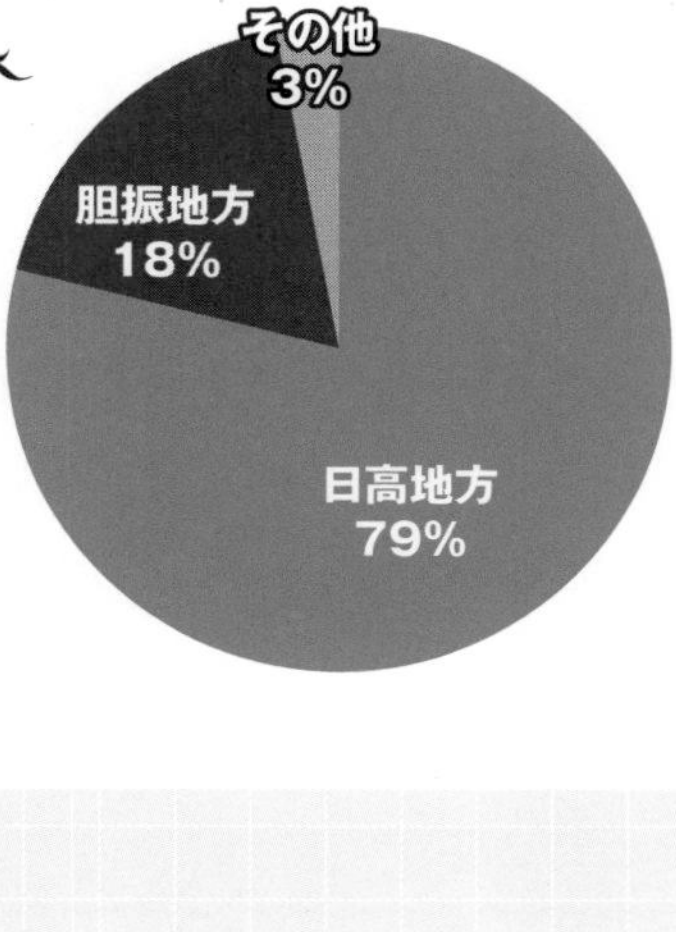

軽種馬とは

サラブレッド、アラブ、アングロアラブなど競走馬や乗馬に適した種。小柄かつスリムな体型で運動能力が高い。

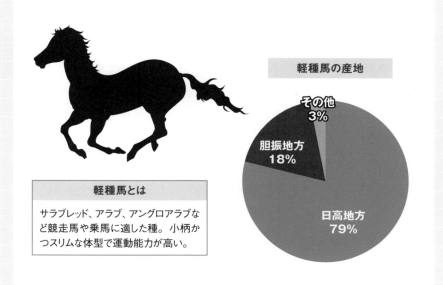

Column 3

セブン-イレブンの店舗がすごい近距離にある理由

すぐ近くなのに、同じ系列の店がいくつもあるのを見かけたことはありませんか？　これはドミナント戦略といって、コンビニエンスストアのセブン - イレブンが行っている戦略として知られています。ちなみにドミナントというのは、英語で「支配的な」とか「優位な」という意味です。

そんなドミナント戦略ですが、せまいエリアに複数の同じ店を出店するのはなぜでしょうか。これには物流の効率アップ、他社による市場の参入の抑制、その地域での知名度の向上など、さまざまなメリットがあるのです。

とはいえ、メリットだけではなくデメリットもあります。たとえば、きわめて近い距離で同じ店を出店してしまったために、顧客を奪い合ってしまうというカニバリゼーションです。当然、そうなれば売上が減少してしまう危険性をはらんでいます。

また、災害や人口減少といった地域環境の変化に弱い点もデメリットです。何かのきっかけでその地域の人口が一気に減ってしまうと、複数の店舗が同時に影響を受けてしまいます。

ただ、ビジネスにはリスクとリターンが必ずついて回るもの。もし、駅ができたりバイパスが通ったりして周辺の人口が増えれば、プラスに働くことだって考えられます。

Chapter 4

リスクと課題がわかる「地理と経済の話」

国や地域の地理的特徴は必ずしも
プラスのことだけではありません。
本章では地理からわかる経済的な
リスクや課題を紹介します。

災害の経済的損害ってどれくらい？

災害と貧困の悪循環が世界の課題

私たちの生活に大きな打撃を与える災害。そのなかには、当然ながら経済的損害も含まれます。内閣府によると、１９７０〜２００８年の平均で、世界では毎年約４００億ドル以上の被害が出ているそうです。**日本円にすると６兆数百億円にものぼる巨額の被害です。**

大きな被害をもたらす災害は、主に地震と水害ですが、近年のデータを見ると水害の被害は減少傾向にあります。その理由は、**河川改修が進んだうえ、防災意識の向上や警戒・避難体制の整備などによって、被害を抑えられるようになったためではないかと考えられています。**また地震も、建物の耐震化や防災意識の向上で、被害は減少しているようです。

被害の規模は地理的な条件はもちろんのこと、その地域の人口密度にも左右されます。くわえて、先ほど言及したように、防災意識や防災体制も重要です。「どれだけ事前に災害に備えることができていたか」という意味で、その地域の近代化の度合いも無視できません。

また、**災害の犠牲者の大半は低所得国・中低所得国に集中しているというデータがあります。**そうした国々は、災害によって大きな経済的被害を受け、さらなる貧困に苦しむことに。災害と貧困の悪循環を防ぐことが、世界にとって重要な課題なのです。

世界の人的被害が大きな主な自然災害

発生年月	発生国・地域	災害名	死者数（約）
1970年11月	バングラデシュ	ボーラ・サイクロン	30万人
1976年7月	中国河北省	唐山地震	24万2000人
2004年12月	インドネシアなど	スマトラ島沖地震	22万6000人
2010年1月	ハイチ	ハイチ地震	22万2600人
2008年5月	ミャンマー	サイクロン・ナルギス	13万8400人
1991年4月	バングラデシュ	サイクロン、高潮	13万7000人
2008年5月	中国四川省	四川大地震	8万7500人
2005年10月	パキスタン	パキスタン地震	7万5000人
1970年5月	ペルー北部	アンカシュ地震	6万7000人
1990年6月	イラン北部	マンジール地震	4万1000人

1970年代以降で、亡くなった人数が大きかった自然災害をリスト化。被害の統計データを見ると死者1万人を超える災害はヨーロッパ、ロシア、アフリカ、北アメリカ、オセアニアでは発生していないことがわかる。

※実際の死者数に関しては、人口統計の不備などの理由で異なる可能性があります。
※https://www.kaigai-shobo.jp/files/worldoffire/Disasters_2.pdfより作成

主な災害による経済損失額

災害名	経済損失額	被害国
東日本大震災	32.8兆円	日本
阪神・淡路大震災	21.3兆円	
四川大震災	17.5兆円	中国
ハリケーンカトリーナ	19.8兆円	アメリカ
ハリケーン・ハービー	15.9兆円	

日本は地震による被害が多いが、世界的にはハリケーンなどの水害による被害が多い

※2021 Weather,Climate and Catastrophe Insight Report <Aon>」、「マネーポストWEB 世界の自然災害の経済損失額ランキング　1位と2位は東日本大震災と阪神淡路大震災」より作成

将来的に世界から「主食」がなくなってしまうかも？

世界が直面する主食不足の危機

私たちが日ごろ食べている米、パン、麺類などの主食は、生きていくためのエネルギー源となる重要な存在です
米、小麦、トウモロコシは、三大穀物とも呼ばれている、私たちの食生活に欠ない重要な農作物です。

米は主に東アジアで食べられており、生産国でそのまま消費されることが多いのが特徴です。小麦は国際商品で、生産国からたいてい輸出されます。

また、トウモロコシは食料や飼料のほかに、近年注目されている、バイオエタノール（トウモロコシやサトウキビからつくられたエタノールで、ガソリンの代替燃料としても知られる）などに使われることも。

人の生存に結びついた主食ですが、実は今、世界は主食不足というリスクを抱えています。**温暖化などの不作だけでなく、人口の急上昇が原因で、主食の生産量が不足してしまう危険性が高いのです。**

主食の原料となる穀物の価格が高騰して、経済力のない国々が主食を手に入れられなくなる恐れもあります。

穀物の価格が上昇する理由のひとつとして、家畜の飼料やバイオエタノールなどでの穀物需要の高まりが挙げられるでしょう。

主食として消費される三大穀物

米

東アジアや東南アジアなどで食べられる。生産効率はあまりよくはなく、生産国で消費されることが多い。

小麦

アメリカやヨーロッパなどでパンやパスタなどとして食べられる。生産国から輸出されることが多い。

トウモロコシ

中南米でトルティーヤ（薄焼きのパン）などにして食べられている。飼料やバイオエタノールに使われることも多い。

発展途上国で主食が食べられなくなる!?

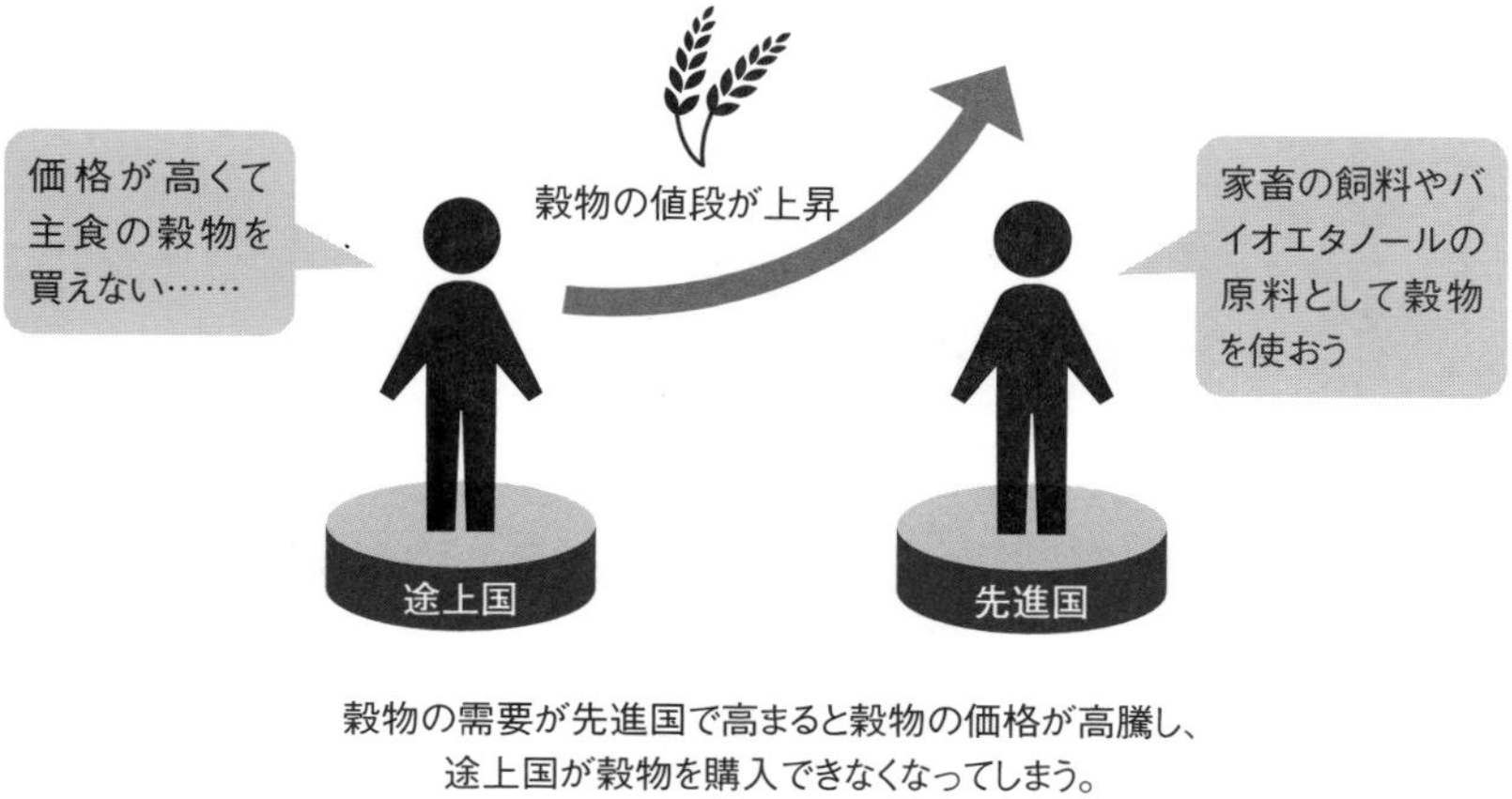
価格が高くて主食の穀物を買えない……
穀物の値段が上昇
家畜の飼料やバイオエタノールの原料として穀物を使おう
途上国
先進国

穀物の需要が先進国で高まると穀物の価格が高騰し、
途上国が穀物を購入できなくなってしまう。

世界的に山火事が増えているって本当？

気候変動と山火事の悪循環

近年、北米、オーストラリア、ヨーロッパなど世界各地で大規模な山火事が頻発しています。

カナダでは２０２３年、山火事により過去最大の面積の森林が焼失しました。また、例年5～10月に山火事が頻発するカナダですが、２０２３年の場合は6月の時点で４２９件の山火事のうち半数以上が制御不可能なものとなり、その影響でニューヨークの空がオレンジ色に染まるという現象も見られました。

ほかにも、２０１９～２０２０年のオーストラリアでは、史上最悪と評される森林火災が発生しています。この火災で、約１８６０万haの森林が焼失し、約30人が犠牲になり推定10億匹以上の野生動物が死亡しました。この火災での経済的損失は、約３０００億円にものぼります。

山火事には、植物の生育を促して生態系によい影響を与える一面もありますが、大規模なものだと大気汚染を引き起こしてしまいます。**山火事が拡大する原因としては大気の乾燥、猛暑、強風が挙げられ**、特に乾燥の影響が大きいとされているようです。

大気の乾燥の背後には、地球温暖化などの気候変動が存在しますが、**山火事が排出する二酸化炭素が気候変動を加速させてしまう、山火事と気候変動が相互に影響し合う悪循環も指摘されています。**

史上最悪の森林火災

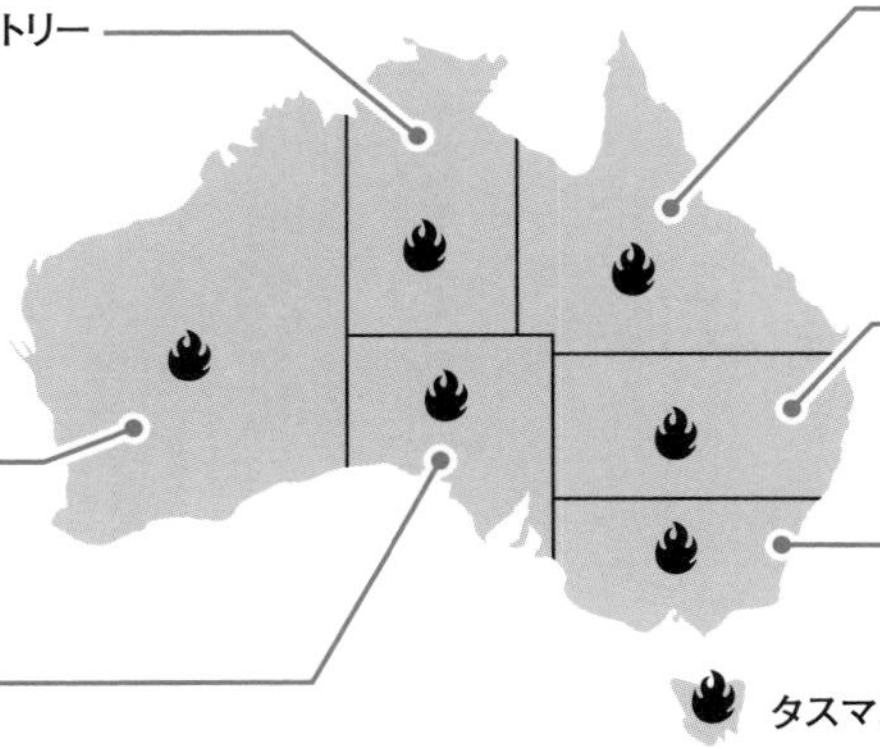
ノーザンテリトリー
350㎢
クイーンズランド
6190㎢
ニューサウス
ウェールズ
68970㎢
西オーストラリア
15690㎢
ビクトリア
18880㎢
南オーストラリア
3380㎢
タスマニア 430㎢

2019年9月から2020年2月にかけて、オーストラリアで大規模な森林火災が発生した。史上最大の規模の森林火災で、その延焼範囲の80%は東部の森に集中している。

山火事と気候変動の相互関係

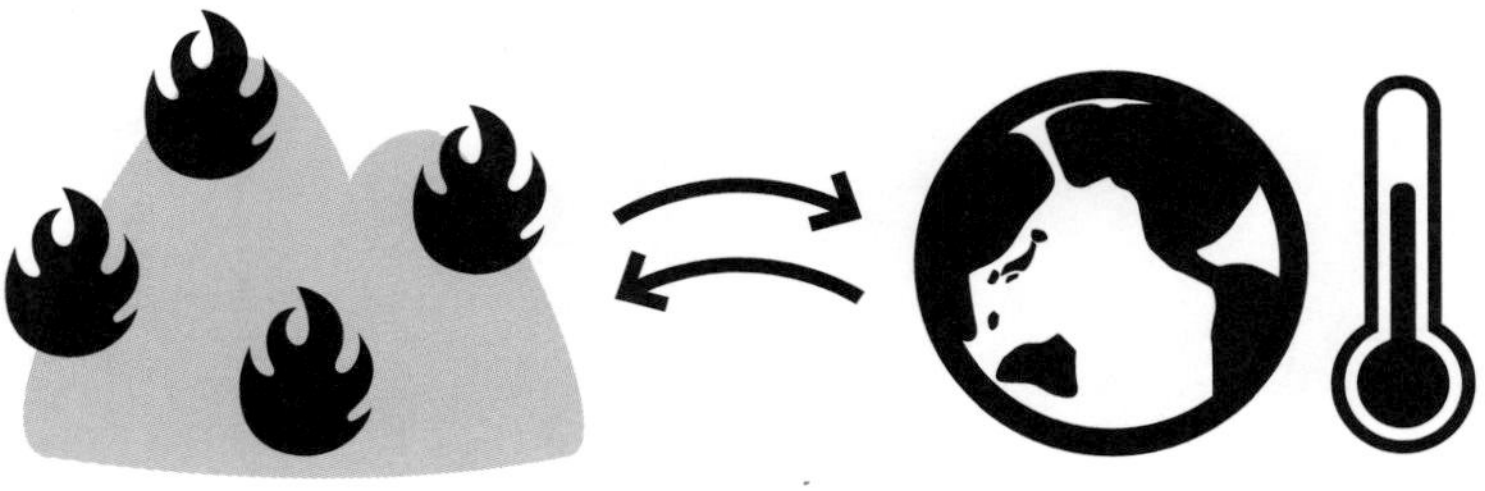

気候変動による高温、大気の乾燥、強風で山火事が起きやすくなる。

山火事によって、二酸化炭素などの温室効果ガスが発生。これらは気候変動を加速させる。

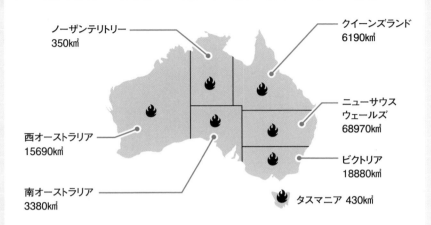

PM2・5や酸性雨も……工業化に伴って公害が発生している

工業化の負の側面

工業の発展はその国の経済を活性化させますが、環境問題を引き起こすことがあります。**ヨーロッパが悩まされているのが、工業化に伴う酸性雨の発生です。**酸性雨によって木が育ちにくくなり、森林全体が枯れることもあります。川や湖が酸性雨で酸性化した結果、魚がまったくいなくなるという被害も出ました。また、酸性雨が建造物や文化財に損傷を与えるという問題も見られます。さらに、**工業化が進む新興国では、大気汚染の問題が起きています。特にメキシコシティや中国の北京は、その地形によって空気が滞留するため、大気汚染の被害が大きいのです。**黄砂などの自然界のものや、排ガスなどから発生する汚染物質に含まれているPM2・5は日本にまで飛来しています。この物質は肺の奥にまで入りやすいので、呼吸器系などへの健康被害が心配です。

そのほかの主な公害としては、光化学スモッグや水質汚染があります。光化学スモッグは、汚染物質が空中に滞留して生じる白いモヤのことで、目やのどなどに悪影響を与えます。水質汚染に関しては、水道が未整備の国で汚染水が飲み水に使われ、深刻な健康被害が出ています。

現代の工業は大規模化しているので、対策がとられる前に公害の被害が拡大してしまうという例も珍しくありません。

さまざまな被害を与える酸性雨

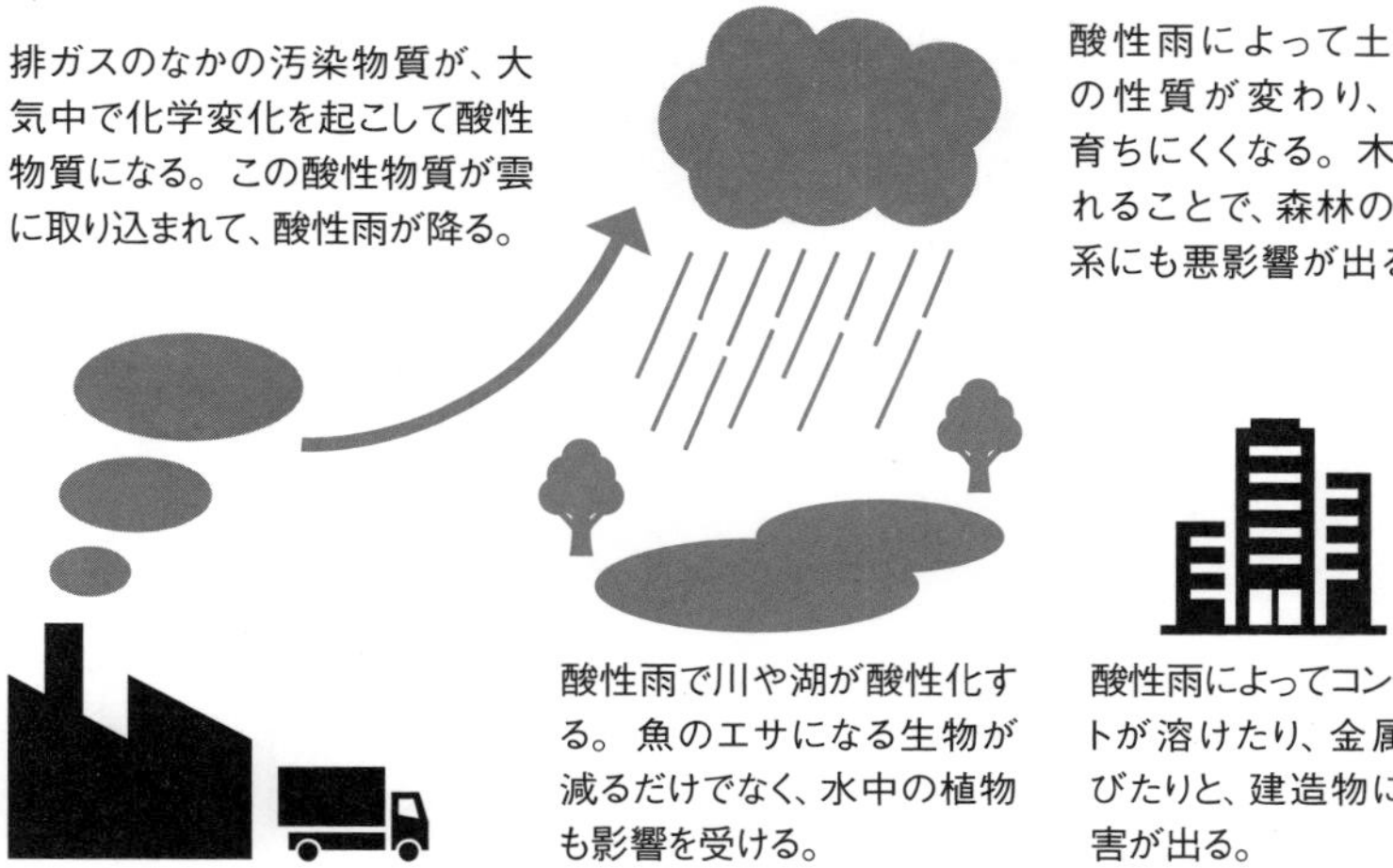
排ガスのなかの汚染物質が、大気中で化学変化を起こして酸性物質になる。この酸性物質が雲に取り込まれて、酸性雨が降る。
酸性雨によって土や水の性質が変わり、木が育ちにくくなる。木が枯れることで、森林の生態系にも悪影響が出る。
酸性雨で川や湖が酸性化する。魚のエサになる生物が減るだけでなく、水中の植物も影響を受ける。
酸性雨によってコンクリートが溶けたり、金属がさびたりと、建造物にも被害が出る。

花粉よりも小さなPM2.5

髪の毛
70μm
花粉
30〜40μm
PM2.5
2.5μm 以下

自動車や工場の排ガスなどから発生する微小粒子状物質が、PM2.5。2.5μm（1μmは1mmの1000分の1の大きさ）以下の非常に小さなサイズで、肺の奥まで入りやすく、呼吸器系の病気のリスクが高まる。

20年後にはゴミの埋立地が満杯!?

国際化するゴミ問題

人が生活していると必ず出るのがゴミです。ゴミに関するさまざまな問題を総称したゴミ問題は、現代社会で深刻化しており、国際的な問題にもなっています。

環境省によると、日本では1年間に約4200万tのゴミが排出されています。これは一般廃棄物の量で、産業廃棄物をくわえるとさらにゴミの量は増加。ちなみに、世界では毎年21億tのゴミが排出されています。

これだけのゴミの量だと、ゴミを埋める埋立地の不足が問題となるでしょう。ゴミを燃やす際に発生する二酸化炭素も、地球温暖化が進んでしまうので重要な問題です。

また、ゴミの不法投棄による自然破壊も無視できません。日本の河川に捨てられたゴミが外国に流れ着いた事例も報告されています。

くわえて、海を漂流する海洋プラスチックゴミ問題も深刻です。こうしたゴミは、排出した国が特定されないことが多く、いまだに有効な対策がとられていません。**太平洋には潮流によってゴミが集中する「太平洋ゴミベルト」と呼ばれる海域まで存在します。**

さらに国際化したゴミ問題としては、**先進国の有害ゴミを含めた廃棄物が途上国に移送され、適切に処理されない**ということも指摘されています。

ゴミを埋める場所がなくなる？

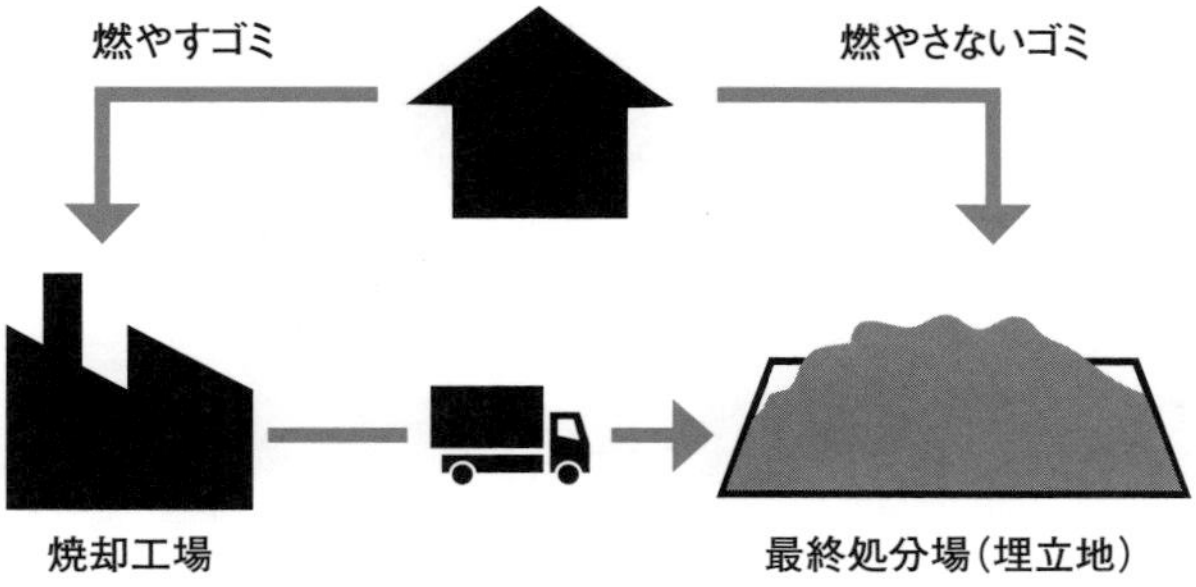
燃やすゴミ
燃やさないゴミ
焼却工場
最終処分場（埋立地）

リサイクルできないゴミのうち、燃やすゴミは焼却工場で燃やして軽くしたうえで、最終処分場（埋立地）へと運んでいる。

環境省は2021年に、「現在のペースでゴミを捨てていくと、約20年で日本全国のゴミの埋立地が満杯になる」と発表した。

ゴミが集中する太平洋ゴミベルト

潮の流れで運ばれてきたプラスチックゴミが滞留した海域のことを「太平洋ゴミベルト」と呼ぶ。

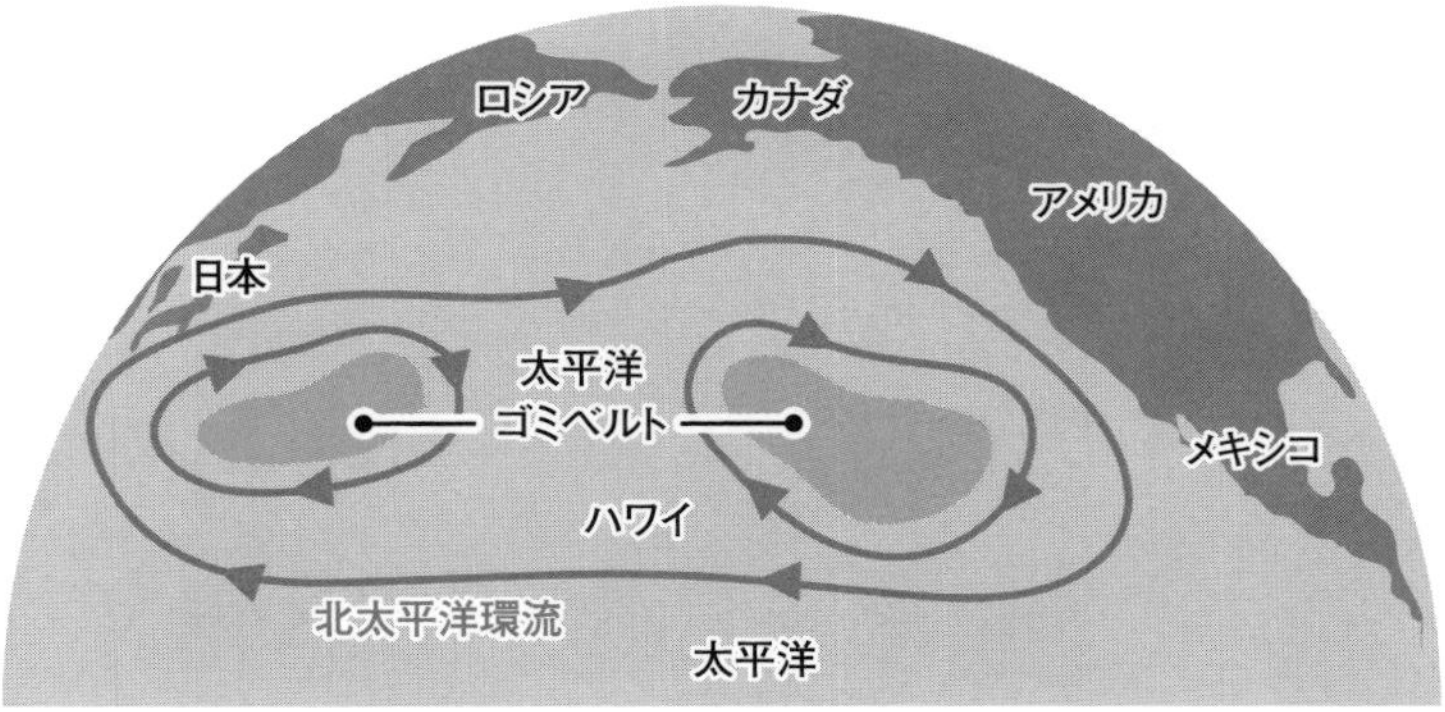
ロシア
カナダ
アメリカ
日本
太平洋
ゴミベルト
メキシコ
ハワイ
北太平洋環流
太平洋

※『クーリエ・ジャポン2008年4月号』（小学館）を基に作成

日本の地理的なメリットとデメリット

山がちな島国である日本

日本が持つ地理的な特徴として、まず島国であるということが挙げられます。しかも、無数の小島で構成されるのではなく、ある程度の大きさを持った島々から構成されています。

このことは、国を統治する政治体制が安定するというメリットにつながりました。小島が多い国だと、国内の往来が難しく、国の統一はなかなか進みません。しかし、**日本列島は北海道・本州・四国・九州といった大きな島を主要な島としてできているので、国が統一されやすかったのです**。国全体を統治する政権が成立し、その結果として共通性のある文化圏が形成されました。また、大陸とは海を挟んで離れているため、大陸で起きる戦争などの危機に直接さらされることもありませんでした。これも島国であることのメリットでしょう。

日本列島は山がちな地形をしているという点も重要です。前述の島国であるという点はメリットにつながりましたが、こちらの地理的な特徴はデメリットにつながります。

まず、**山が多いため、平野の面積がせまくなり、農業に使える土地がかぎられます**。急斜面が多いので、山での林業も難しいでしょう。また、河川は短く急で、雨水がすぐに海へと流れ出ます。その結果、**日本は降水量が多いにもかかわらず水不足になりやすいのです**。

島国であることのメリット

ある程度の大きさの島々で構成されていたため、国が統一されやすかった。他国と距離があり、大陸の争いごとに巻き込まれることが少なかった。

大和政権

4～7世紀の大和政権は、現在の奈良県を中心とした政治勢力で、本州の関東・四国・九州までの範囲を統治した。

江戸幕府

12世紀の鎌倉幕府から武家政権がはじまった。そのなかでも江戸幕府は、17世紀から2世紀以上も安定した体制で全国を支配した。

山がちな地形のデメリット

日本は山がちな地形のため、急斜面が多く平野は少ない。河川は短く急になる。このことがさまざまなデメリットに結びついた。

河川は急流で、すぐに水が海に流れ出るため、水不足になりやすい。
急斜面のため林業のコストが高くなる。
平野がせまく、農業に使える土地が少ない。

なんで日本は自然災害が多いの？

災害が起きやすい国土

日本は地震、台風、豪雨など、災害が発生しやすい国土です。日本列島の成り立ちを考えると、その理由が見えてきます。

日本列島は、海洋プレートの沈み込みによって生まれました。**海洋プレートと大陸プレートの境界に位置するため、プレートの運動が原因となる地震が多数発生します。**また、島国で海に囲まれているため、地震による津波の被害が大きくなってしまう危険性もあるのです。

さらに、プレートの運動によってできあがった火山が、日本には多く存在します。火山による災害としては、噴火や火砕流などが挙げられるでしょう。

日本は豪雨と豪雪も多く、夏から秋にかけては毎年台風が接近し、暴風雨をもたらします。冬はシベリアからの乾燥した大気が日本海上で水蒸気を含むことで、日本海側の地域は豪雪に見舞われます。

122～123ページで山がちな地形という日本の地理上の特徴を紹介しましたが、**急斜面なだけでなく降雨量が多いため、土砂崩れや川の氾濫が起きやすいという問題があります。前述のとおり、台風と豪雪が多いので、土砂災害なども発生しやすくなっています。**

こうした地理、地形、気象などの自然的条件から、日本は災害が多いのです。

プレートの運動で地震が発生する

日本列島の周辺には海側の太平洋プレート、フィリピン海プレート、大陸側のユーラシアプレートなどが存在する。海側のプレートが日本列島に近づいて沈み込み、それに対して陸側のプレートが跳ね上がりなどによる断層運動で地震が発生する。

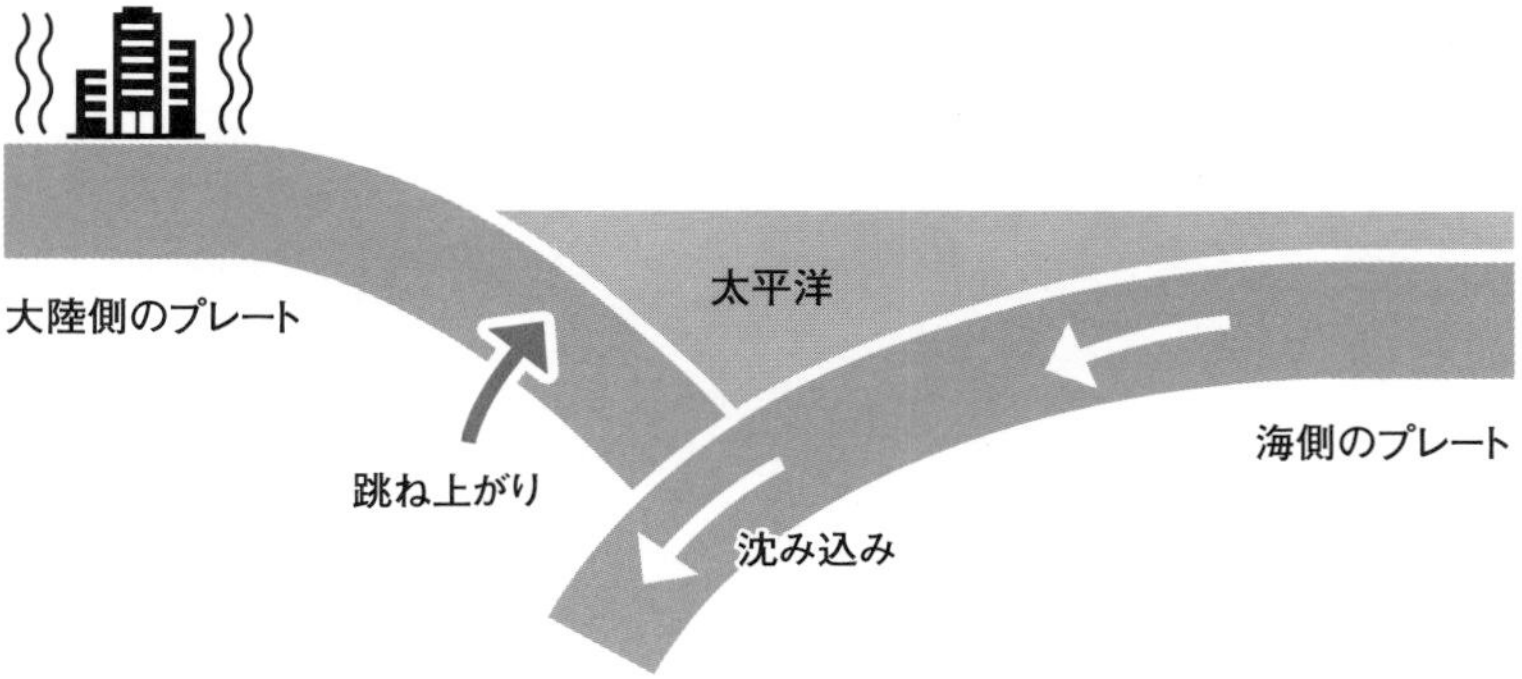

大陸からの冷気が豪雪をもたらす

シベリアから吹いてくる乾いた冷気は、日本海上で水蒸気を補給し、雪雲をつくる。雪雲は日本海側で豪雪をもたらす。山が雪雲をさえぎるので、太平洋側は晴れる日が多くなるのだ。

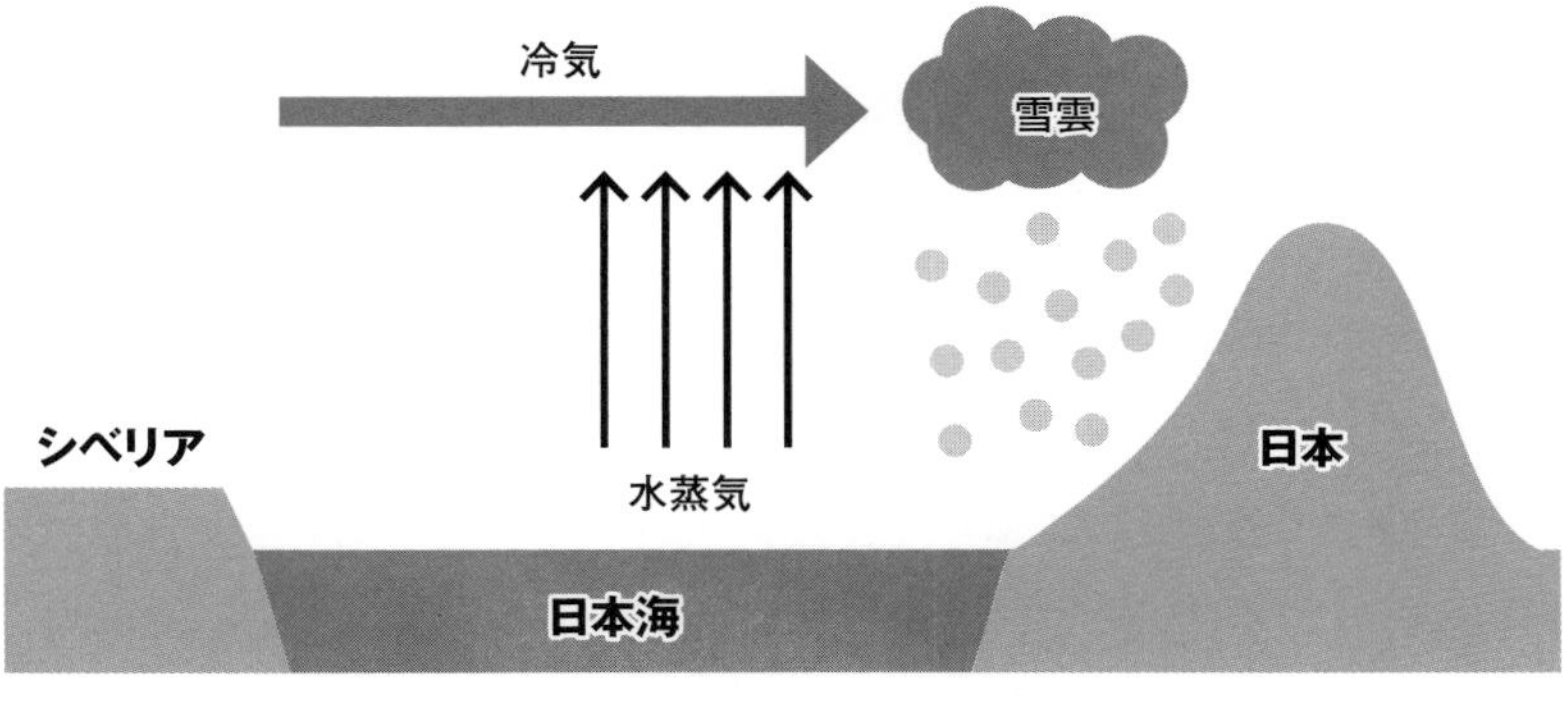

Column 4

ヨーロッパにも地震が多い国がある

「ヨーロッパは地震が少ない」と聞いたことはありませんか？ ヨーロッパというのは、大陸プレートの境界から離れた安定した地盤のうえにある国がほとんどなので、地震が少ないのは確かです。

ただ、地理的条件によっては地震が多い国も存在します。たとえばアイスランドは、北アメリカプレートとユーラシアプレートの境界線上に位置しているため、M3.0以上の火山性地震が観測されています。

また、イタリアやギリシャ、トルコといった地中海沿岸の国は、ユーラシアプレートとアフリカプレートの境界線上にあり、地震と無関係というわけにはいきません。実際、イタリアでは、2009年に308人、2016年に298人と、地震による犠牲者は近年でも多数出ています。逆に古いところでは、1908年のイタリア南部・シチリア島のメッシーナ地震で8万人の死者が出ています。

日本は、数千年にわたる地震との戦いで耐震技術を磨き上げてきました。一方、ヨーロッパの耐震基準はゆるく、地震の被害が大きくなりがちです。地震が起きないことが一番ですが、悲劇を生まないためにも、防災意識の向上と地震対策を進めていくことが望まれます。

参考文献

『授業をもっと面白くする! 中学校地理の雑談ネタ40』
井田仁康（編著）、明治図書出版

『世界の今がわかる「地理」の本』
井田仁康（編著）、三笠書房

『読むだけで世界地図が頭に入る本 』
井田仁康（著）、ダイヤモンド社

『イラストでサクッと理解 今が見えてくる世界の国図鑑』
井田仁康（監修）、ナツメ社

『おぼえる! 学べる! たのしい世界の国』
井田仁康（監修）、高橋書店

『誰もがその先を聞きたくなる地理の話大全』
おもしろ地理学会(編)、青春出版社

『常識なのに！ 大人も答えられない都道府県のギモン』
村瀬哲史(著)、宝島社

『謎解き世界地理 トピック100』
宇田川勝司(著)、ベレ出版

『ゼロから学びなおす 知らないことだらけの日本地理』
地理おた部(著)、WAVE出版

監修者紹介
井田　仁康（いだ・よしやす）

筑波大学名誉教授。博士（理学）。1958年生まれ。日本社会科教育学会長、日本地理教育学会長などを歴任し、日本地理学会理事。筑波大学第一学群自然学類卒。筑波大学大学院地球科学研究科単位取得退学。社会科教育・地理教育の研究を行っている。著書や編著書に『読むだけで世界地図が頭に入る本』（ダイヤモンド社）、『世界の今がわかる「地理」の本』（三笠書房）などがある。

STAFF

編集	細谷健次朗、山崎翔太（株式会社 G.B.）
編集協力	吉川はるか
執筆協力	野村郁朋、龍田 昇、大島玲美
カバーデザイン	佐藤実咲（アイル企画）
カバーイラスト	羽田創哉（アイル企画）
デザイン	森田千秋（Q.design）
イラスト	こかちよ（Q.design）
校正	聚珍社

眠《ねむ》れなくなるほど面白《おもしろ》い
図解《ずかい》 地理《ちり》と経済《けいざい》の話《はなし》

2024年 7月1日　第1刷発行
2024年 12月1日　第2刷発行

監修者　井田《いだ》 仁康《よしやす》
発行者　竹村響
印刷所　株式会社光邦
製本所　株式会社光邦
発行所　株式会社日本文芸社
〒100-0003　東京都千代田区一ツ橋1-1-1 パレスサイドビル 8F

乱丁・落丁などの不良品、内容に関するお問い合わせは
小社ウェブサイトお問い合わせフォームまでお願いいたします。
ウェブサイト　https://www.nihonbungeisha.co.jp/

©NIHONBUNGEISHA 2024
Printed in Japan　112240618-112241115 Ⓝ02　(300077)
ISBN978-4-537-22222-7
（編集担当：萩原）

法律で認められた場合を除いて、本書からの複写・転載（電子化を含む）は禁じられています。また、代行業者等の第三者による電子データ化および電子書籍化は、いかなる場合も認められていません。